発達凸凹キッズがぐんと成長する園生活でのGood!なサポート

苦手を減らして小学校につなげる工夫

石川道子・三輪桃子 著

中央法規

はじめに

　こんにちは。小児科医の石川道子です。私は、40年以上にわたり発達専門外来を担当するなかで、1万人を超える発達凸凹キッズとの出会いがありました。私の場合は、外来以外にも、学校や園に巡回相談に出向く機会があったことで、診察室と学校や園のような集団の場では、子どもの姿が異なることを知りました。診察室ではいすに座って、きちんと受け答えができる子どもが、集団の場では机をもち上げ、階段から投げ落としていた姿はいまでも忘れられません。

　特に、保育所や幼稚園、認定こども園のような幼児期の集団の場では、同年齢の子どもの発達には追いつかない部分がありながらも、同じような行動を求められるため、発達凸凹キッズにとっては苦労が多いといえます。

　しかし、保育者が発達凸凹キッズに対して、できないことを責めたり放っておいたりせず、どうしたらできるかを考えてサポートすると、発達凸凹キッズは驚くほどの成長を見せてくれます。大人になった「元・発達凸凹キッズ」の乳幼児期からの経過を見ていると、保育者からの前向きなサポートにより、人とかかわることを好意的にとらえた子どもは、その後の人生で人から教わり、人を頼ることが上手になっています。孤立せず、人とのかかわりをもちながら人生を歩むための鍵は、実は保育者が握っているのかもしれません。

　こんにちは。言語聴覚士の三輪桃子です。私は、社会人としては13年目で、療育施設に勤めながら、巡回相談などを通して保育者とともに発達凸凹キッズをサポートしています。

　巡回相談を始めたころ、クラス全体の様子を見つつ、一人ひとりの子どもの様子や変化を的確にとらえて対応する保育者の姿を見て、「先生は、背中にも目がついているのかな」と思うくらい驚きました。また、保護者が気づいていなかったり、ぱっと見ただけではわかりにくい発達凸凹キッズについても、「行動は目立たないのですが、少し気になっていて…」と気づく保育者は、

発達凸凹キッズの救世主のような存在だと感じました。しかし、それだけのスキルをもった保育者からも、発達凸凹キッズの対応についての相談がたくさん寄せられます。集団のなかで発達凸凹キッズをサポートすることは簡単ではないということなのだと思います。

　一人ひとりの子どもに目を配り、それぞれの育ちを尊重する保育者のまなざしがあれば、多くの子どもは自然に成長していきます。一方で、発達凸凹キッズは、一般的なかかわりだけでは十分でないことが多く、ひと工夫を加えたサポートが必要になります。その「ひと工夫」を、明日から実践できる方法として教えてくれたのが、共著者の石川道子先生でした。「大人になった時に必要な力から逆算して、幼児期に必要なサポートは何か」という知見は、私の経験だけでは到底得ることができないものでした。石川先生から「ひと工夫」の実践方法を教えてもらった時に「私だけのなかに留めておくにはもったいない。きっとたくさんの保育者に役立つことだ！」と確信し、この本を執筆するに至りました。

● ● ● ▲ ▲ ▲

　本書は、第1章で発達凸凹キッズの特徴や乳幼児期のかかわりの大切さ、第2章では子どもへの具体的なサポート方法、第3章では保護者への支援について解説しています。そして第4章では、小学校への就学に向けて、保育者のみなさんに知っておいてほしいことをまとめました。第1章から順に読んでいただくと、よりわかりやすい構成になっていますが、どこからでも、興味のあるところから読んでみてください。

　また、この本は保育者向けに書かれていますが、発達凸凹キッズを支えるすべての人にとって"かかわりのヒント"になると思います。特に、保護者と保育者がよい関係性を築き、同じ目標に向かってサポートできると、発達凸凹キッズはぐんと成長します。そして、ともに小学校入学という次のステージを迎える準備ができます。発達凸凹キッズの成長のために、保育者にはもちろんのこと、保護者にもこの本をご活用いただけたら嬉しいです。

2023年9月　　石川道子・三輪桃子

目 次

第 **4** 章　幼児期のがんばりを就学後の生活につなげる工夫

おわりに

第1章

発達凸凹キッズにとって
乳幼児期の
集団生活が大切な理由

1 発達凸凹キッズとは

■ 「発達凸凹キッズ」とは

　「発達凸凹キッズ」と聞いて、どのようなイメージを抱くでしょうか？　本書では、「発達凸凹キッズ」を医学的な診断や分類ではなく、発達段階が**生活年齢**[*1] と一致しない部分がある子どもと定義します。

　たとえば、1歳6か月児健康診査では、ほとんどの子どもが何かしらの言葉を話します。その段階で発語がまったくない場合、言葉の表出は生活年齢から想定される状態と一致していないことになります。一方で、歩行が安定してきているのであれば、**粗大運動**[*2] は生活年齢とおおむね一致しています。このように発達の一部に生活年齢と一致しない状態がある子どもを本書では、「発達凸凹キッズ」と呼びたいと思います。また、生活年齢よりも高い水準の発達をしていても、得意なことと苦手なことの差が大きい状態の子どもも、発達凸凹キッズに含めます。

　なお、本書では、一般的に0～2歳を乳児クラス、3～5歳を幼児クラスと分ける方法に沿って、0～5歳児クラスの就学前の時期を「乳幼児期」と表記しています。

*1 生まれてからの実際の年齢を指す。
*2 「座る」「立つ」「歩く」などの身体を大きく使った動作のこと。

■「発達凸凹キッズ」という表現を用いる理由

「発達凸凹キッズ」には、一般的に、診断名として用いられる発達障害（神経発達症）と呼ばれる子どもを多く含むことを想定しています。また、グレーゾーンといわれる、発達障害のいくつかの特徴が見られるものの、確定診断には至らない子どもも含みます。しかし、保育者には診断名にしばられずに、子どもの様子を見てサポートしてほしいので、本書では、あえて自閉スペクトラム症（ASD）、注意欠如・多動症（ADHD）、限局性学習症（SLD）などの診断名を用いずに解説していきます。

> **「発達凸凹キッズ」に含まれる可能性のある障害**
> 知的能力障害群（知的障害）、コミュニケーション障害群
> 自閉スペクトラム症（ASD）、注意欠如・多動症（ADHD）、限局性学習症（SLD）
> 運動症群（発達性協調運動障害、チックなど）など

● 診断名がついていない子どももサポートにつなげる

医学的に用いられる分類や診断名を用いずに、「発達凸凹キッズ」という言葉を使って解説する理由は、診断名がついていなくても、気になる行動がある子どもを見逃すことなくサポートしてほしいという思いがあるためです。

0歳から就学までの乳幼児期は、発達障害の特性が見られていても、診断がつかないことが多いです。診断を受けることができる専門機関が少ないことや保護者が特性に気づかなかったり、たとえ気になっていたとしても「ほかの子どもよりわんぱくなだけ…」や「ほかの子どもよりのんびりしているだけ…」のように様子を見る傾向があったりするためです。

しかし、診断名がついていなくても、園のような集団の場で、行動が気になる子どもはいるはずです。診断名がついていないことが、発達の凸凹を否定する理由や、サポートをしなくてもよい理由にはなりません。そこで、子どもにとって必要なサポートにつながるようにと、気になる行動がある子どもを広く「発達の凸凹がある子ども」ととらえ、「発達凸凹キッズ」と呼ぶこととしました。

　また、診断名がついていない子どもに対して、「自閉スペクトラム症（ASD）に違いない」などと決めつけてかかわってほしくないという思いもあります。ASDといっても、その程度や状態はさまざまで、園での様子だけで診断名を想像することはむずかしく、危険でもあります。

　たとえば、ASDは社会性の障害やコミュニケーション障害を伴うといわれますが、ASDのなかでも人との距離感をつかみにくく、どんどん人に近づき積極的に話しかける子どももいれば、反対に人が近寄ってくると逃げるようにその場を去る子どももいます。また、子ども自身がもつ性質だけでなく、家庭環境やこれまでの経験によっても、状態は大きく異なります。さらに、園の環境によっても性質の見え方に違いがあったり、年齢により目立つ特徴が変化したりすることもあります。そのため「○○に違いない」という「想定」がずれることはめずらしくなく、その結果、見当違いのサポートをしてしまうこともあります。

　保育者には、診断名の有無にかかわらず、気になる行動がある子どもについては「発達に凸凹がある」ととらえて、子どもをていねいに観察するまなざしをもってほしいと思います。

同じASDでも違いが大きく、診断を想定するのはむずかしい

コラム　診断名は変わる!?

　医師は、子どもが生活のなかで何かうまくいかないことがある時、適応できないことがある時に診断名をつけます。そのため、その時期に何がいちばんむずかしくなっているかによって、診断名が変わることがあります。たとえば、これまでは自閉スペクトラム症（ASD）と診断されていた子どもが、就学によって環境が変わり、これまでにはなかった学習に対する困り感が出てくると、限局性学習症（SLD）と診断されることがあります。

　また、幼児期のうちは注意欠如・多動症（ADHD）の診断がつきやすい傾向にあります。幼児期は、「はじめての経験」が多いので、はじめてのことに気持ちが乱れやすかったり、何でも実際に目で見て確かめたりすることで、ADHDの不注意・衝動性・多動の特徴が前面に出て見えます。しかし、年齢を重ねて慣れた場所が増えてくると、落ち着いて行動できることが多くなります。その状況で、ASDの特徴である、対人関係のつまずきや、子ども自身の語りから思考が狭まりやすい特徴が明らかになることで、診断名が変わったり加わったりします。

　ある時、転勤してきた子どもの保護者が、「これまで住んでいた地域で学習障害と診断されました。勉強はよくできる学習障害なんです」と紹介してくれました。SLDは学習の困り感を主体とする診断なので、どうしてそうなったのか不思議でした。この子どもの生活での困りごとは、典型的なASDの特徴だったので、私はASDと診断名をつけ直しました。この例だけでなく、同じ子どもに、同時期に異なる診断がつくことは、時々起こります。

　保育者の方々には、ぜひ診断名にしばられ過ぎず、それぞれの子どもに合ったサポートを続けてほしいと思います。

2 発達凸凹キッズにとっての「乳幼児期」

■ 乳幼児期のかかわりがその後の人生に大きな影響を与える

　定型発達*3の子どもと発達凸凹キッズの違いは、実は、乳児期から見られます。これは、脳の情報処理の方法が生まれつき異なるためと考えられています。

　発達凸凹キッズは、運動の発達では、身体の筋肉がやわらかく（筋緊張が低く）、くにゃくにゃとした安定感の低い動きが見られることがあります。ちょうどよい力の入れ具合を獲得するのに時間がかかるため、バランスよく座ることや立つ動作の獲得が遅れたり、転びやすいなどの質的な違いが見られたりすることもあります。身体がうまく使えないので、自分から能動的に動く機会が少なく、「手がかからない」「おとなしい」という印象の子どももいます。

　また、粗大運動だけでなく**微細運動***4にも特徴が表れるため、ものの操作がなかなか上達しなかったり、遊び方や遊べるものが限定されていたりすることが多いです。

抱っこの安定感が低い

動作の獲得の遅れがある

床に降ろすと激しく泣く

---

*3 標準的な発達の基準におおむね沿った発達のこと。
*4 手や指先を使った細かい動作のこと。

　感覚が過敏な場合、外界からの刺激が強すぎて泣き続けたり、抱っこ以外の感覚が苦手でベッドや床に降ろすと激しく泣いたりする姿もしばしば見られます。離乳食の味や温度、食材の見た目の違いなどの小さな変化にも敏感に反応し、離乳食の進み具合に影響を及ぼすこともあります。

　発達凸凹キッズに対して定型発達の子どもと同じサポートや見守りをするだけでは、粗大運動や微細運動の苦手さが、自然になくなることはありません。

　発達の凸凹に気がついたら、できるだけ早いタイミングで、教え方を工夫して、練習を重ねることが大切です。なぜなら、苦手な分野の動きは、自然に身につかないだけでなく、年齢を重ねるごとに問題が複雑化する傾向があるためです。

　たとえば、3歳ごろの子どもで、ものの操作が苦手だったり、ものを親指と人差し指でつまむことがむずかしい場合は、スプーンなどの操作においても、自己流のぎこちない動きをしていたり、手づかみ食べを続けていたりすることがあります。この状況をそのままにしておくと、はさみやお箸、鉛筆のような、より高度な道具の操作にも支障が出てきます。書字運動が苦手な場合、小学校入学後は学年が上がるごとに文字を書くことへの負荷も上がり、学習に対するやる気や習熟度の差につながることもあります。

　一方で、保護者や保育者が子どもの微細運動の苦手さに気づき、早いタイミングで対応できると、手先を使う遊びを多く取り入れたり、その子どもに合った方法で道具の使い方をていねいに教えたりすることができます。その結果、後に苦手になりそうなことが苦手にならずに済む可能性があります。それは、発達凸凹キッズにとって、とても重要だといえます。

■ 乳幼児期のかかわりが対人関係のつまずきを減らす

　発達凸凹キッズは、さまざまな生活動作が自然に身についていかないことが多いため、定型発達の子どもよりも大人の手を借りる機会（大人とかかわる機会）が多くなります。そして、保育者とかかわるなかで、人とのかかわり方を学んでいくという面もあります。

　たとえば、自分で着替えようとせず、保育者を頼ってばかりの子どもがいるとします。この子どもに対して、保育者が「発達の凸凹はない」という前提でかかわっていると、自分でやろうとしない理由がわからないので、「やる気がない」「甘えている」などと解釈することになります。また、定型発達の子どもに対するのと同じように、「自分でやるのよ」と声をかけるだけのサポートで終わってしまうかもしれません。そして、声かけだけで動くことができない子どもには、「どうしてやらないの？」と責める気持ちになることもあるでしょう。

　このようなかかわりを続けていくと、子どもは自分が困っている時に、大人を頼ることができなくなります。また、人とかかわると叱られてばかりでよいことがないので、人とのかかわりに消極的になる子どももいます。自分は「できない」存在だと思い、自己肯定感が育たないリスクも生じます。このような傾向のある子どもは、大人は自分にとってよい情報を与えてくれる存在と思えないため、就学以降に「新しいことを大人から教わること」がむずかしくなっていきます。そして、学習や生活の面での困難さがさらに大きくなるのです。

　一方、保育者が「発達の凸凹がありそうだ」と思ってかかわると、「着替えができないのはどうしてかな？」「どうすればできるのかな？」という視点で、サポートの方法を考えるようになります。そして、できないことを責めたり、叱ったりするのではなく、できたことに目が向きやすくなり、「たくさんほめる」などの肯定的なかかわりが増えていきます。

　保育者からのこのようなかかわりが重なると、子どもは「何か困ったことがあったら、大人に助けてもらえばよい」と感じることができます。また、人とかかわることで感じる苦痛を減らすことができ、人と接する機会が自然に増えます。できないことが多くても自分を認めてもらえる世界があることを知ることができるでしょう。乳幼児期にこのような関係を大人と築くことができた子どもは、小学校入学以降も、「環境が変化すると大変なことも多いけれど、大人の言うことを信頼して聞くと、わからないことが減って安心できる」と感じながら、学習や生活に取り組むことができるのです。

　乳幼児期において、周囲の大人が、子どもに発達の凸凹があることに気づき、ていねいにかかわろうとする姿勢が、子どものその後の人とのかかわりや自己肯定感に大きな影響を及ぼすことを知っておいてください。

発達の凸凹はないと思ってかかわる

発達の凸凹がありそうだと思ってかかわる

・大人を頼ることができなくなる
・人とかかわることに消極的になる

・大人を頼ることができるようになる
・人とかかわることに肯定的になる

発達凸凹キッズにとっての「集団生活」

■ 保育者は子どもの発達の凸凹に もっとも早く気づくことができる

　発達凸凹キッズにとって、乳幼児期のかかわりが重要であることは、先にお伝えしたとおりですが、さらにいえば、乳幼児期の「集団生活」での過ごし方が子どもの成長を大きく左右します。

　子どもの発達の凸凹に最初に気づく可能性が高いのは、集団のなかでの子どもの様子を知る保育者です。保育者は、多くの同年代の子どもにかかわるため、発達凸凹キッズと周囲の子どもの行動の違いに気づきやすいといえます。また、発達凸凹キッズのなかには、個別でのかかわりや少人数のなかではその性質が見えにくくても、園などの集団になると性質が顕著に表れる子どももいます。そのため、家庭で過ごすなかでは、保護者が子どもの発達の凸凹に気づきにくいことがあるのです。家では「困りごとはない」と言っている保護者が、園での集団場面でのわが子の様子を見て、あまりの違いに驚いてしまうということは少なくありません。

　保育者が「発達に凸凹があるかもしれない」と気づき、対応しなければ、見過ごされてしまう子どもがいるということなのです。

集団だと動きが
気になるなぁ…

すくすく成長していて
安心だわ…

■ 乳幼児期の集団生活は困難が多く、つまずきやすい

　発達凸凹キッズにとって、乳幼児期の集団の場は、とても大切であると同時に、困難が多い場でもあります。それは、発達の到達度が異なるなかで、周りの子どもと同じ行動を求められることが多いためです。周りの子どもにとっては当たり前で苦労せずにできることでも、発達凸凹キッズはとてもがんばって取り組まなければなりません。

　また、この時期にはじめて体験することが多いことも、発達凸凹キッズの困難さをさらに大きくしています。「はじめての集団生活」「はじめての家族以外の人とのふれあい」「はじめての先生や友だち」「はじめての給食」「はじめての行事」などなど…。はじめてのオンパレードです。第2章で詳しく解説しますが、発達凸凹キッズは、「はじめての○○」や「新しい○○」が苦手な子どもがとても多いです。つまり「はじめて」の出来事に遭遇するたびにつまずく可能性があり、定型発達の子どもに比べて、保育者のサポートを多く必要とします。

　このように乳幼児期は、発達凸凹キッズにとってはむずかしい時期ではありますが、子どもの困りごとがそれほど複雑化していないので、サポートの効果が出やすい時期でもあります。保育者が目の前の子どもに適したかかわりをすることで、発達凸凹キッズはぐんと成長していきます。保育者は、保育の効果をより感じることができると思います。

■ 乳幼児期の集団生活では、得られるものも多い

　発達凸凹キッズにとって、乳幼児期の集団生活は困難が多い一方で、ここを上手に乗り越えることができると、その後の人生にとってよいことがたくさんあります。

①モデルを見る力がつく

　発達凸凹キッズは、周囲の状況を的確に把握することが苦手なことが多いです。そのため、周りの子どもが次の活動の準備を始めたのに、新しいおもちゃを出して遊び始めるなど、周りから見ると「いまの状況で、どうしてその行動をしたの？」と思われるようなユニークな行動をとることがあります。また、園での活動の自由度が高すぎると、どのように行動したらよいのかがわからず、困ってしまうこともあります。一方で、集団生活に慣れてくると、どのような行動をとればよいのかわからない時には周囲のモデルを見ればよい、ということが徐々に理解できるようになります。また、活動内容についても、ある程度、具体的に決められていれば、自分から動くことができ、それが自信につながる子どももいます。

②人の多様性に慣れることができる

　発達凸凹キッズは、他者の考えや気持ちを想像することが苦手なために、他者と自分が違う視点や気持ちをもっていることに気づきにくい傾向があります。そのため、特に年齢が低いほど、自分の想定どおりに人が動かないことに対して混乱しやすくなります。

　集団生活のなかで、さまざまな人とふれあう経験を重ねることで、「人と暮らすなかでは、自分の思いどおりに進まないことがある」ということに気づき、自分の気持ちに折り合いをつける力を身につけていくことができるようになります。

③毎日の日課に合わせて動く練習になる

　発達凸凹キッズのなかには、どのような時にも、自分のペースを守りたい気持ちが強い子どもがいます。そのままにしておくと、時間や周りの状況に関係なく、同じ遊びを延々と続けている姿も見られます。しかし、決まった時刻に登園する、支度をする、給食を食べるなどを、あえて「抗えないもの」として経験していくと、自然と習慣になり、自分のやりたいこととの折り合いがつけられるようになってきます。これは、大人になって、社会生活を営むうえでも大事なスキルです。

④興味がわくものに出会いやすい

　発達凸凹キッズのなかには、嫌なことがあった時にうまく気持ちを調整できず、必要以上に落ち込んでしまう子どもがいます。そのような時に、興味のあるものや好きなことは、発達凸凹キッズの気持ちを救ってくれます。「いま、自分が好きなこと」だけに没頭していると、興味がわくものに出会い、増やしていくことはむずかしくなってしまいます。予期していなかった活動や他者とのふれあいのなかに、興味を広げるヒントが隠れていることもあるのです。

　このように、発達凸凹キッズは乳幼児期の集団生活のなかで、その後の人生を生きていくために必要なさまざまな力を身につけていきます。発達凸凹キッズにとって、集団生活や保育者は人生が好転する鍵になるといえるのではないでしょうか。

17

■ 「理解のバトン」を次のステージにつないでいく

　乳幼児期の集団生活のなかで編み出された、「このようなサポートをするとうまくいく」「このようにかかわれば本来の力を発揮しやすい」などの情報は、就学という次のステージにも引き継いでいくことが大切です。そうすることで、子どもが小学校での生活でつまずいた時に、周りの大人は「怠けている」「甘えている」と思い込み、本人の力ではどうしようもない無理な要求をするのではなく、その子どもの「いま」の段階に合わせた課題に変更したり、子どもが習得しやすい教え方を模索したりしてくれるようになります。

　就学先への引き継ぎは第4章で詳しく説明しますが、就学や進学、就職などのライフステージの変化のタイミングで、サポートする大人や人間関係は変化します。そのなかで唯一、子どもとつながり続けるのが保護者です。保護者は、環境や人間関係の変化に応じて、子どもの特性を周囲に伝え、どのような場所でも子どもがその子らしく生きられるよう、理解のバトンをつないでいきます。

　しかし、乳幼児期の発達凸凹キッズの保護者は、子どもに対する理想と現実の間で混乱し、孤独になりやすいといえます。その時期に、保育者など、「周囲の人に支えてもらえる」と感じられると、周りを頼りながら、少しずつ前に進むことができるようになります。反対に、この時期に保育者との関係を築くことができないと、学校の先生など、その後に出会う支援者に対しても、警戒心を抱いてしまうことになります。

　保育者は、保護者が出会う「はじめての支援者」であることがほとんどだと思います。保護者とよい関係性を築き、維持していくことが大切です。

▶ ▶ ▶保護者への対応については、第3章参照

第2章

乳幼児期に
「人とよい関係を築く」
ための11のサポート

　巡回相談などで園に行くと、「子どもに、○○（という行動）をやめてほしい」という相談をよく受けます。一般的には、やめてほしい行動に対しては「○○はだめだよ」と注意をします。多くの子どもは、この対応で行動が変わっていくでしょう。しかし発達凸凹キッズは、行動の振り返りが苦手で、後から言われても何を注意されたのかわからないため、この対応では行動が変わっていかないことが多いです。また、「だめ」という言葉だけが耳に入って否定された気持ちになるばかりで、肝心のだめな理由が理解されないこともよくあります。発達凸凹キッズには、「△△をしようね」と具体的な行動を伝えるなど、一般的ではないサポートが必要なのです。

　本章では、目の前の行動を「変えられるといいな」と感じた時の、はたらきかけのヒントを紹介します。具体的には、集団生活でよく見られる11の場面について、「おしい！」サポートと「Good！」なサポートを比較できるように構成しました。「おしい！」サポートとは、一般的に行われている対応方法で、この「おしい！」サポートで学習できる子どももいます。一方で、発達凸凹キッズには、「Good！」なサポートを実践すると、学習できる可能性がぐっと高くなり、保育者が「このように変えられるといいな」と感じた方向に子どもが協力してくれるという関係性が生まれやすくなります。

　協力してくれた子どもには「ありがとう」と感謝の気持ちを伝え、成功したら「うまくできたね」とともに喜び、思わしくない結果になった時には、「先生の伝え方がよくなかったね」と謝ることが大切です。これがすべてのサポート場面に共通する、よい関係の築き方の基本といえます。

「Good！」なサポートが必要な 発達凸凹キッズ

■ 発達凸凹キッズの特徴

　表に、発達凸凹キッズによく見られる特徴をまとめました。発達凸凹キッズは、同年齢の集団のなかでは何らかの目立つ行動があるため、いずれかの特徴が見られる子どもは、「発達に凸凹があるかもしれない」ととらえ、本章で紹介する「Good！」なサポートを実践してみてください。一人の子どもでも、場面によって特徴が表れたり、表れなかったり（見えなかったり）することがあります。

表 発達凸凹キッズの特徴（例）

目に見えるものはわかりやすく、目に見えないものはわかりにくい
全体よりもある一部分や細かいところに意識が向きやすい
○○しながら△△するなどの同時処理が苦手
言葉の獲得がゆっくり
SOSを出すことが苦手
自分の状態や気持ちを相手にわかるように説明することがむずかしい
感覚の受け取り方に特徴がある（敏感または鈍感）
１つのことに集中するとほかの情報をうまくキャッチできない
あまり考えずにぱっと行動することがある
パニックを起こしやすい
いつもと同じこと、パターン化したことは受け入れやすく、はじめてのことや急な変更は苦手
人の存在に気づくのが遅く、人への興味・関心が育つのに時間がかかる
長時間、同じ姿勢を保ち続けることが苦手
手先・指先の細かい運動が苦手
食べ物を上手に咀嚼することや飲み込むことが苦手
特定のことに関する記憶力がすぐれている（悪い記憶もしっかり残る）
注意力が長く続かない一方で、話しかけられても気づかないほど集中することがある

※ 一人の子どもが、表中のすべての特徴をもつとは限りません。

■「おしい！」サポート、「Good！」なサポートとは

●「おしい！」サポート

　「おしい！」サポートは、園でよく見られるサポートです。多くの子どもはこのサポートによって成長していくことができますが、発達凸凹キッズにとっては十分とはいえません。もうひと工夫すると発達凸凹キッズにとってよいサポートになるという意味で、「おしい！」サポートと呼びます。

●「Good！」なサポート

　発達凸凹キッズに適したサポートです。このサポートを続けていると、苦手だったことが、それほど苦手ではなくなってきます。また、うまくサポートしてもらって成功する体験を重ねることで、上手に人を頼ることができるようになります。つまり、その後の人生において、人を信頼して生きていくことにつながります。

●「ざんねん…」なサポート

　本章では取り上げていませんが、実は「ざんねん…」なサポートもあります。「ざんねん…」なサポートは、発達凸凹キッズの特徴をふまえていないため、本人ががんばっても成果が見られません。その結果、発達凸凹キッズは、どんどん大人を避けるようになるリスクが潜んでいます。

図　3つのサポート

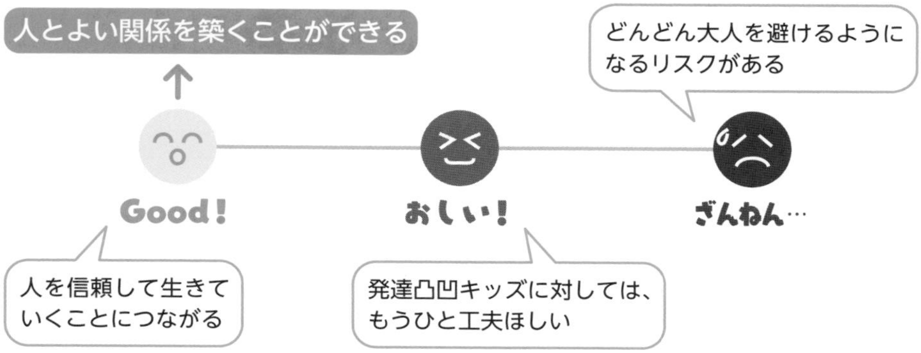

人とよい関係を築くことができる

どんどん大人を避けるようになるリスクがある

Good！　　　　**おしい！**　　　　**ざんねん…**

人を信頼して生きていくことにつながる

発達凸凹キッズに対しては、もうひと工夫ほしい

「ざんねん…」なサポートの１つに、見立てや試行をせずに、ハウツーに頼るかかわりがあげられます。理屈では筋が通っていても、すべての子どもにあてはまる有効な方法はありません。時には、一般的な方法が、目の前の子どもにとっては苦痛になることもあります。

また、２つ目として、「いつか自然にできるようになる」ととらえることも「ざんねん…」なサポートといえます。発達凸凹キッズは、年齢を重ねても、苦手なことが自然にできるようになりにくいという特徴があります。さらに、苦手なことをそのままにしておくと、その後、より高度なことを求められた時に苦手さがさらに強まるリスクがあります。

３つ目として、「一度できたことはムラなくいつもできる」と思い込むことです。発達凸凹キッズは、何かしらの原因で脳がスムーズに機能しないことがあります。そのため、同じ日のなかでも「できる・できない」にムラがあったり、前日までできていたことができなくなったりすることもあります。一度できたことやがんばってできたことを、いつもできること、苦労なくできることと誤解してしまうと、子どもは、サポートが減ったり、できなかったりした時に注意されることになり、つらい状況に追い込まれてしまいます。

４つ目として、発達凸凹キッズの特徴的な行動を「問題行動」ととらえることです。保育者が話をしている時に、立ったり、座ったりを繰り返す、室内での活動中に園庭に飛び出すなどの発達凸凹キッズの行動は、時に「問題行動」と見られることがあります。しかし、よく観察すると、「その行動をとるしかなかった」「よかれと思って行動した」など、子ども側の事情があることが多いのです。「問題」だと思って対応していると、子どもは「わかってもらえない」という気持ちを抱きやすくなります。

ぜひ「ざんねん…」なサポートは避けながら、「おしい！」ではなく、「Good！」なサポートをめざして、発達凸凹キッズをサポートしてほしいと思います。

おしい！😖「おしい！」サポート

たくさんの言葉を重ねて説明する

今日はこいのぼりをつくるよ こいのぼりはね…

では、手を洗ってからはさみとのりをもってきてね

お話を聞いていないからわからなかったのよ

はるくん 4歳

おしい！😖ポイント

　3歳児クラス以上では、少しずつ言葉だけで伝える機会が増えていきます。しかし、なかには聞く力が生活年齢よりもゆっくり育つ子どももいます。はるくんは、言葉だけの説明ではよくわからず、ぼんやりしていたため、「話を聞く気がない」「やる気がない」と誤解されてしまいました。保育者の声かけは、特に問題はなかったかもしれません。しかし、聞く力の発達がゆっくりな子どももいることに配慮できなかった点が「おしい！」といえます。

Good! 「Good！」なサポート

見てわかる情報を添えて伝える

Good! なポイント

　保育者は、はるくんの聞く力の発達が、生活年齢よりもゆっくりであることを考え、見てわかる情報を添えて伝えました。その結果、はるくんは、理解する→自信をもって行動する→認めてもらうという一連の経験ができました。このような経験を重ねることにより、はるくんは「先生の話を聞くとよいことがある」と感じることができます。生活年齢にこだわらずに、子どもにわかる方法で伝えることで、自信と大人への信頼を育みます。

■ 言葉の理解は思っているよりもむずかしい

　発達凸凹キッズは、「目に見えないものはわかりにくい」という特徴をもっていることがあります。目に見えないものの代表は、言葉です。発達凸凹キッズは、言葉の存在に気がつくのがゆっくりで、その後も生活年齢に比べて言葉の発達がゆっくりであることが多いです。

　言葉（ここでは「人の話」）を理解するには、さまざまな要素が絡み合います。まずは、相手の話していることに注目する「聞く構え（注意力）」が必要です。次に、言葉を「聞き取る力・聞き分ける力」が求められます。「はさみ」と言われたのに「は…み」のように途切れ途切れに聞こえたり、「はかり」と聞き間違えてしまったりしては、理解につながりません。さらに、「はさみ」のような名称や、「もってくる」のような動作を表す言葉などの「意味の理解」が必要です。そして、「手を洗ってからはさみとのりをもってくる」といった内容を、「記憶」することで行動につながります。また、言葉で具体的に表現されていなくても、話の流れや話をしている人の表情や声色などから、相手の「意図を理解する力」も重要です。発達凸凹キッズは、これらの言葉を理解するための要素のいずれにも、苦手さが表れる可能性があるのです。また、ざわざわした環境では話に集中できないなど、環境の影響も受けやすいのが特徴です。

　さらに、発達凸凹キッズのなかには、全体ではなく「部分」に注目する傾向のある子どももいます。話の前半だけ、または後半だけに注目したり、気になる単語だけに注目したりするため、ほかの情報が頭に入ってこないことになります。また、同時処理が苦手なため、「先生のお顔を見て話を聞いてね」と伝えると、顔を見ることと話を聞くことを同時に行うことがむずかしく、理解が不十分になることもあります。

　人の話を理解するには、こんなにもたくさんの力が必要なのです。発達凸凹キッズにとって、言葉（人の話）を理解することは思っている以上にむずかしいという前提でかかわることが、必要なサポートにつなげるための第一歩になります。

■ 「話を聞くとわからないことが減る」という経験が大切

　人の話を理解することが苦手な子どもには、見てわかるものを添えて伝える方法が効果的です。目に見えない言葉や意図を見える形にすることで、理解の不足やズレを減らすことができます。具体的には「実物」や「お手本」を見せることなどがあります。子どもによって、写真や絵、指差しやジェスチャー、時計、文字などが効果的なこともあります。

　また、発達凸凹キッズにとってわかりにくい表現を減らし、わかりやすい言葉や表現に置き換える方法もよいでしょう。たとえば、「あれ、それ」のような代名詞は、何を指しているのかがわかりにくいので、「机に置いてある鉛筆」などと具体的に説明します。また、「ちゃんと座る」のような、人によって基準が異なる言葉も、「足を床につけて座る」などと具体的に示します。「廊下は走らない」のように、どう行動すればよいかが示されていない場合は、「廊下は歩きます」などと変換していくと伝わりやすくなります。

　発達凸凹キッズの多くは、人の話をじっくり聞くことが苦手です。そのため、説明が長くなる時や、刺激が多い環境では、話を聞くことはむずかしいかもしれません。たとえば、肩をぽんぽんと叩いて注意を促したり、子どもに見えたり、聞こえたりする刺激が少ない環境で話すなどの工夫が必要です。このような工夫により、「大人の話を聞くと、わからないことが減ってよいことがある」と思えると、発達凸凹キッズが話に耳を傾ける機会が増えていきます。

■ 就学に向けたサポート

　クラス全体に向けた指示を理解することがむずかしい子どもは、就学後、特に通常の学級では、より理解が困難になると予想されます。就学先には、「全体への指示の後には、個別の配慮が必要です」と伝えるとよいでしょう。

■ 保護者との情報共有のポイント

　家庭生活では、帰宅→夕食→お風呂→就寝のようなルーティンが多く、また大人が子どもに合わせて行動することができます。つまり、園での集団生活ほど、「話を聞いていなければ動けない」という場面は多くありません。そのため、保護者に「話を理解することがむずかしいことがあります」と伝えてもピンとこないことも多く、場合によっては「保育者の対応が悪いのでは？」と誤解されてしまうこともあります。

　もし、子どもの言葉の理解について保護者から相談された場合には、「実は、園でも話を理解することが不十分なことがあり、心配しています」と伝え、共通理解を深めていくとよいと思います。一方で、保護者が子どもの「話を聞いて理解する力」について何も気にしていない場合には、いきなり本題に入るよりも、「天気のせいで急に予定が変わったことを言葉で説明しても、ピンときていないようでした。家では、お出かけや予定変更などルーティンでないことを伝えた時は、どんな反応ですか？」というように具体的な状況を共有しながら、家での様子や保護者の認識を確認することから始めましょう。

▶ ▶ ▶第３章保護者対応①参照

子どもを絵カード嫌いにさせないための３つのポイント

　言葉の理解を補うために、絵カードを使うことがあります。保育者は、子どもが絵カードを嫌いにならないために、使い始める前に次の３つのことを確認してください。

　１つ目は、子どもがカードに描かれた絵に注目する力があるかどうかです。発達段階として、おもちゃを口に入れて遊んでいたり、ものを見て遊ぶことが少ない子どもは、カードを見て描かれている絵の意味を理解することはむずかしい可能性が高いです。カードを口に入れたり、ぽいっと投げてしまうかもしれません。

　２つ目は、カードと実物が同じものを示すということがわかるかどうかです。絵カードは実物よりも抽象的でサイズも異なるので、同じものを示していることがわからない子どももいます。また、発達凸凹キッズのなかで、部分に注目する傾向のある子どもは、絵の一部に意識が向き、全体として何を示す絵なのかを読み取れないこともあります。

　そして３つ目として、何より大切なのは、大人の都合で絵カードを使わないことです。絵カードは「〇時になったらお片づけ」のように、大人の都合で使われがちです。そのかかわりを幼児期から続けると、子どもは、絵カードは自分を誘導するための道具であると認識してしまいます。小学生になって絵カードを嫌いになった子どもが、カードをびりびりに破いて抵抗した姿が忘れられません。

　特に幼児期においては、絵カードは、子どもが楽しみにしていることに対して使うとよいでしょう。子どもが言葉の説明だけで理解できることでも、楽しみなことであれば、あえて絵カードを見せて「いまから、お散歩に行くよ」などと伝えます。絵カードは、有効な視覚支援ツールの１つなので、幼児期に嫌いになってしまわないように、「絵カードは楽しい知らせである」と伝えていくとよいでしょう。

困っている様子に気づいたら 大人から歩み寄る

おしい！ご 集団生活での「おしい！」サポート

手伝ってほしいことを自分で言わせようとする

1 2
3 4

先生にやってほしい
時は、何て言えば
いいのかな

いつもはおしゃべりなのに
どうして黙っているん
だろう…

…

あきちゃん
3歳

おしい！ご ポイント

　保育者は、あきちゃんが固まっている様子から困っていることに気づいています。また、あきちゃんの視線からサポートしてほしいと思っていることを感じ取りました。ここまではよかったのですが、あきちゃんに、困っていること、手伝ってほしいことを言葉で伝えるように求めたところが「おしい！」です。あきちゃんは身体が固まってしまうくらい混乱している状態です。そのような時にサポートを求める言葉が出てくるとは考えにくいでしょう。

Good! 😊 集団生活での「Good！」なサポート

サポートを求める気持ちを感じ取り、大人が代わりに言葉にする

Good! 😊 なポイント

　保育者は、あきちゃんが固まっている様子から、ふだんはおしゃべりなあきちゃんでも、いまはSOSの言葉は出せないだろうと判断しました。

　保育者は、あきちゃんが「むずかしいな」と感じている状況や「手伝って」という助けを求める気持ちを代わりに言葉にしました。その言葉かけにより、あきちゃんは、安心できるだけでなく、自身の気持ちに気づいたり、モデルになる表現を知ることができました。

■ SOSや気持ちの表現は、苦手になりやすい

　定型発達の子どもは、成長とともに困っていることや気持ちを言葉で表現できるようになりますが、発達凸凹キッズはこれが大の苦手です。困っていること、サポートをしてほしいことを言葉にして助けてもらえたほうが楽なのではないかと思うのですが、どうしてうまく表現できないのでしょうか。

　発達凸凹キッズは、自分がどのような状況にあるのかを客観的に理解することが苦手です。したがって、周りからはとても困っているように見える状況でも、本人はまったく気がついていないことが多くあります。また、先のことを予測することが苦手なため、「うまくいくに違いない！」と思い込んで行動し、いざやってみてうまくいかないと、想定外の出来事に頭が混乱してしまうこともあります。この状況は、本人としてはいよいよ困った状況になっていますが、困っていることを自覚できるころには、冷静にサポートを求められるような状態ではないのです。なかにはこのような混乱した状況において、「あっち行け！」「こんなの嫌だ！」と、本当はそこまで思っていなくても、強い言葉ばかりを発してしまう子どももいます。

　また、サポートを求めることや、「できない」「むずかしい」という気持ちを伝えることはよくないことだと思い込んでいて、表現できない（しない）子どももいます。「助けてもらってよかった」と思える経験が少ないほど、サポートを求めることはできなくなるようです。そのほか、どのような表現を使ったらよいかを学習できていない子どももいます。

■ 困っていることや気持ちを無理に言わせる必要はない

　困っていることや気持ちを伝えることは、発達凸凹キッズに獲得してほしいスキルの1つです。しかし、無理やり言わせる必要はありません。何とか自分で言わせようと大人がかかわり続けることで、人に頼ることが面倒になってしまうこともあります。

　まずは、発達凸凹キッズの困っている状況や気持ちの変化に気づき、大人のほうから歩み寄っていきましょう。「○○がむずかしかったね」「○○で嫌だったね」というように子どもの代わりに大人が言葉にすることで、子ども自身が困っている状況や気持ちの変化に気づくことができます。代わりに言葉にすることは、わかってもらえたという安心感を抱くことにもつながります。

　発達凸凹キッズがサポートを求めていることに気づいたら「手伝って、かな？」のように、子どもの代わりに言葉にしながら、伝え方のモデルを示していきます。もし、サポートしてほしいのかどうかわからない状況であれば、「先生は、手伝いたいと思ったよ」「手伝ってもいいかな」というように、保育者が感じたことを伝えたり、子どもに確認したりします。助けてもらうことを強制されると、助けてもらってよかったという経験にはなりにくいので、あくまでも保育者が「手伝いたいと思っている」という前提で話をするとよいと思います。

■ 就学に向けたサポート

　園では、慣れ親しんだ保育者に何とかSOSを出せるようになったとしても、就学で新しい環境になると伝えることができなくなる子どももいます。就学先には、「子どもが、困っていることを伝えられるようになるまでは、先生から歩み寄るようなサポートをお願いします」と伝えるとよいでしょう。

■ 保護者との情報共有のポイント

　保護者は、自分の子どもに対して、ほかの子どもとトラブルになった時には、「言葉のやりとりで（話し合って）解決してほしい」「自分が悪い時には謝ることができるようになってほしい」と思うものです。しかし、発達凸凹キッズは、トラブルの際には混乱していることが多いため、うまく言葉が出てきません。特に、ふだんはおしゃべりな子どもは、「謝ることくらいできて当然」と思われがちですが、それがむずかしいこともあります。

公園でお友だちとトラブルになった時、何も言わずに逃げてしまって…

　保育者は、そのような保護者に対して園でのトラブル時の子どもの気持ちを伝えていきましょう。たとえば、「困った時にはとても混乱しているので、冷静に謝ったり誰かにサポートを求めたりできる状況ではなさそうです」「謝らないのではなく、謝ることができない状況なのかもしれません」などです。また、「おもちゃがほしくてとっちゃったの、かな」「わざとじゃなかったけど、ごめんね、かな」など、トラブル時に具体的にどのような声かけをしているのかも伝えます。ほかの子どもとトラブルになった時に、どのようにかかわればよいかの参考になるはずです。

「未学習」の可能性を考える

　発達凸凹キッズは、生活年齢相当のスキルが身についていないことがあります。その場合、苦手だからできないということもありますが、「未学習」である（そのスキルを学んでいない、教わっていない）可能性もあります。

　あいさつができない、順番を守ることができない、人の気持ちを考えた行動をとれないなど、いわゆる社会性のスキルが身についていないと、「非常識だ」「親がちゃんと教えていないからだ」といった偏見をもたれることもあります。しかし、人に関心が芽生える時期が遅かったり、感覚の敏感さにより人の集まりを避けて行動した結果、社会性のスキルを身につけるチャンスが極端に少なくなっていることもあります。「未学習」は、実はさまざまな場面で広く起こっています。生活のなかでつまずきがあった時には、何か未学習のことがあるのかもしれないと疑ってみると、新たな視点でサポートができるかもしれません。

石川先生の
発達凸凹
エピソード

ユニークなノートのとり方の裏側

　就学後、発達凸凹キッズは「ノートのとり方」で怒られがちです。よく「怠けている」と誤解されるのですが、「未学習」のスキルが潜んでいる可能性が大いにあります。

　まず、指先や手首をうまく使うことができず、自分なりの身体の使い方で何とか書いている状態は、「効率のよい書字運動が未学習」であるといえます。

　ほかにも、ノートのとり方では、「前の日に書いたところの続きから書く」ことが未学習で、その日にぱっと開いたところから書き始める子どももいました。その子どもは、ノートを1ページずつめくる動作も未学習でした。また、教科ごとにノートをとるということが未学習で、すべて1冊のノートに書いている子どももいました。

おしい！ 集団生活での「おしい！」サポート

感覚の違いに気づかず、活動に参加させようとする

おしい！ ポイント

　歌やダンスは、子どもたちが特に好きな活動です。したがって、保育者は、あきちゃんが活動に参加しない理由はやる気の問題だと思い、積極的に誘いました。

　実は、あきちゃんには、音に対して特に敏感であるという特徴があります。大きな音に対して耳を塞ぐといった明らかな行動はありませんが、あきちゃんの様子から、音に対する敏感さを疑うことができたらよかったと思います。

Good! 😊 集団生活での「Good！」なサポート

感覚の違いに配慮して、活動への参加を促す

Good! 😊 なポイント

　保育者は、あきちゃんが日ごろから歌やダンスの活動に参加しないのは、何かしら不快な刺激があるからかもしれないと推測しました。特に突然の大きな音は驚かせる要因になる可能性があると判断し、音源の位置と嫌だった場合の対処方法を伝えました。

　あきちゃんは、歌やダンスは苦手な活動ですが、音源から離れた場所で見学するうちに、少しずつ音に慣れ、活動に参加できる日がくるかもしれません。

■ 感覚の特徴は、生活全般に影響する

　感覚には、五感（視覚、聴覚、触覚、味覚、嗅覚）があります。そのほかにも、身体のバランスにかかわる前庭（平衡感覚）、筋肉や関節の動きを感知する固有覚があります。発達凸凹キッズのなかには、これらの感覚が並外れて敏感な子どもがいます。ほかの人が感じないような小さな刺激もたくさん感じてしまうので、その処理に多くのエネルギーを使い、疲れやすくなります。反対に、感覚刺激に対して極端に鈍感な子どももいます。

　たとえば「触覚」が敏感である場合、人とのふれあいを心地よく思わないこともあり、抱っこや寝かしつけなどのスキンシップを嫌がることがあります。洋服の肌触りやタグなどが気になり、特定の洋服以外を着たがらない子どももいます。反対に「触覚」が極端に鈍感な場合は、けがをしているのに本人は平気な顔をしているなど、痛みに気づきにくいこともあります。「聴覚」が敏感な場合は、ダンスや歌などの大きな音がする活動や赤ちゃんの泣き声、避難訓練のアナウンスなどを嫌がることがあります。「視覚」が敏感な場合は、明るい電球や窓から入る光が気になって、手で顔をおおっていることもあります。子どもの偏食傾向も、実は食材の味（味覚）や舌触り（触覚）、におい（嗅覚）が不快なために、生じていることがあります。

　このように、感覚の受け取り方に偏りがあると、日常生活全般にさまざまな影響が出ることになります。

　もう１つ重要なのは、感覚の敏感さは、その時の子どものコンディションに大きく左右されるということです。物事がうまく進まず不安な時や緊張している時などは、いつも以上に敏感になることがあります。反対に、得意なことや好きなことをしている時には、敏感さが出にくいだけでなく、集中しすぎてほかの刺激が入りにくいこともあります。

■ 感覚の違いに配慮しながら刺激に慣れる練習をする

　子どもに特定の感覚の敏感さを感じた時は、どこから刺激がくるのかを見て確認できる状態にしたり、苦手な刺激がくることを予告したりするなど、苦手な刺激に突然さらされるようなことがないように工夫します。

　たとえば、帽子の締めつけるような感覚が苦手な子どもであれば、後ろから急に帽子をかぶせると驚いてしまうので、正面に回り込んで帽子を見せ、声をかけてからかぶせます。保育者が子どもの頭をぎゅっとさわってから帽子をかぶせる方法もあります。また、粘土のようなベタベタしたものが苦手な子どもに、無理にさわらせようとすると恐怖心をあおることになります。本人が関心をもったタイミングで、少しずつふれられるようにしていきましょう。活動に夢中になっていると、はじめは嫌だった刺激に徐々に慣れてくることもあります。

　一方で、子どもが特定の感覚刺激を嫌がるからといって、刺激を完全に取り除くことはおすすめしません。世の中の嫌な刺激をすべて取り除いてあげることはできないので、苦手な刺激も、「こんなものか」と感じられるように少しずつ慣れていく必要があります。

　ふだん以上に刺激に対して敏感に反応する場合には、子どもの調子がよくない可能性があります。体調を観察したり、不安や緊張の原因を探すなどして、改善策をとることができるとよいでしょう。

■ 就学に向けたサポート

　園での生活においては、安心して過ごせているために、感覚の敏感さが目立たなくなっている子どもでも、就学後の新しい環境では敏感さが強まることがあります。引き継ぎの際には、「嫌な刺激を避けるために部屋を飛び出していた」「音の刺激が気になり話を集中して聞くことができなかった」など、入園時や進級時の姿を共有することも大切です。

■ 保護者との情報共有のポイント

　発達凸凹キッズのなかには、行事で使うかぶりものや衣装を嫌がる子どももいます。背景には、感覚の敏感さ、周りに合わせて行動することに対する意識の低さ、慣れないものに対する受け入れづらさなどがあります。

当日、
みんなと同じ衣装を
着られないことが
あるかもしれません

わかりました
家でも着る練習を
してみます

　保護者に対しては、感覚の敏感さがあるため、衣装を着ることを強要すると、より一層、嫌がるリスクがあることを伝えます。一方で、新しい感覚を完全に取り除いてしまうと、子どもがその感覚に慣れる経験を奪う懸念があることも伝えましょう。
　そのうえで、事前に「衣装を着る練習はスモールステップで行いますが、本番は着られないかもしれません」と伝えておくとよいと思います。保護者は、何の予告もなしに、当日、自分の子どもだけが衣装を着ていない状態を目の当たりにすると、ショックを受けてしまう可能性があるためです。

コラム 「前庭（平衡感覚）」と「固有覚」

　感覚には、五感のほかに、身体のバランスにかかわる「前庭（平衡感覚）」、筋肉や関節の動きを感知する「固有覚」があります。

　前庭（平衡感覚）は、重力に対して身体の軸を調整する感覚です。発達凸凹キッズは、脳の機能の特徴から、前庭（平衡感覚）がうまくはたらいていないことがあります。その結果、姿勢を保つことがむずかしかったり、平均台などの不安定な場所で身体のバランスをとりにくかったりします。

　前庭（平衡感覚）がうまくはたらかないために、ブランコや回転いすなどの刺激を極端に好んだり、部屋のなかでくるくると回転していたりする子どももいれば、反対に、前庭（平衡感覚）が敏感なために、ブランコやすべり台などを極端にこわがる子どももいます。

　固有覚は、筋肉や関節の動きや力の入り具合などを感じる感覚です。私たちは目を閉じていても、身体のどの部分が曲がっているかを感じたり、もっているものの重さを感じたりすることができます。しかし固有覚がうまくはたらいていないと、力加減がうまくいかず、ものの扱いが雑になったり、思っているよりも強い力で叩いてしまったりと、「不器用で乱暴」な印象を与える行動になりがちです。また、高いところからジャンプをしたり、ドーンと壁にぶつかったりと、全体的に動きがダイナミックになる子どももいます。

　保育のなかで気づく子どものユニークな行動は、実は感覚や感覚を調整する力の違いからきている可能性があるのです。

おしい！ 集団生活での「おしい！」サポート

わざとやったと決めつけて、注意をする

おしい！ ポイント

　はるくんは、"自分のほしい積み木"しか見えておらず、積み木がほしいという気持ちのままに衝動的に行動しました。つまり、友だちの状況が見えていなかったということであり、わざと友だちの積み木をとったわけではありませんでした。

　保育者は、乱暴に見える行動だけに注目し、はるくんの行動の背景を考えられなかったことが「おしい！」です。

Good! 集団生活での「Good！」なサポート

わざとやったのかどうかを確認してから、何が起きたのかを知らせる

Good! なポイント

　衝動的な行動が見られる子どもは、まず「いまの自分の行動に気がついているか」を確認する必要があります。無意識に、また反射的に行動していることがあるためです。

　友だちのおもちゃをとったという行動だけに注目するのではなく、「なぜ、その行動に至ったのか」に注目することで、子どもの見方が変わってきます。子どもを理解しようとする保育者の態度は、子どもを安心させ、落ち着いて状況を振り返るきっかけをつくります。

■ 夢中になっている時は、思わぬトラブルが起こりやすい

　発達凸凹キッズのなかには、何か1つのことに注目したり夢中になっていたりすると、ほかの情報をうまく認識できない子どもがいます。また、夢中になるあまり「どうしたらうまくいくかな？」と考える前に衝動的に行動することがあります。

　客観的に見た事実はどうであれ、わざとではない行動を注意されると、子どもとしては身に覚えのないことで叱られたという気持ちになりやすく、混乱につながります。子どもによって、怒り出したり、注意されたことが理解できずぽかんと立ち尽くしたり、理由がわからなくても反射的に「ごめんなさい」と言ったりと、反応はさまざまです。共通していえるのは、なぜ注意されたのかを理解できないため同じ行動を繰り返すということです。

　一方で、発達凸凹キッズのなかには、わざと人に怒られるような行動をとる子どももいます。たとえば、人が怒っていることを"反応してもらえた"と認識し、反応ほしさに行動を繰り返します（誤学習）。これは、怒られることと、ほめられることの基準に混乱が生じている場合がほとんどです。

　このような状態になる理由は、家庭が安定した養育環境ではなかったり、園と家庭での対応の基準に大きな差があったり、園のなかでも担任と担任以外の保育者で対応の基準がバラバラであったりと、さまざまですが、行動の基準をわかりやすくすることが必要です。

　子どもが意図的に怒られるような行動をしている時には、大きく反応しないことがおすすめです。その分、どんなに小さなことでも、子どものよい行動を認めてほめることで、誤学習を減らし、望ましい行動を強化していきます（「誤学習」の詳細は、p.59参照）。

■ まずは本人がトラブルに気づいているかを確認する

　子どもが遊びや運動など、何かに夢中になっている時に起こったトラブルでは、「いま、○○のように見えたけれど、気づいていたかな？（覚えているかな？）」と聞いてみます。そうすることで、子どもの行動が意図的であったのかどうかを確認することができます。

　また、この問いかけは、子ども自身に「わざとではなくても、その行動がトラブルにつながる」という事実を知らせる効果があります。同時に、トラブルに巻き込まれたほかの子どもに対しても、わざとではなかったことを間接的に説明する機会になります。

　すぐにはむずかしいですがこのような経験を重ねていくと、子どもに行動の自覚が芽生えます。いずれ「夢中になっている時は、気をつけよう」と子ども自身が思えるようになれば、対応が功を奏したといえるでしょう。

■ 就学に向けたサポート

　いずれは大人がいない場面でも自分で判断し、対応する力を身につけたいです。そのためには、わざとではなくても人に迷惑をかけた時はどうしたらよいかを大人と一緒に考える時間をつくってみましょう。子どもがトラブルの渦中にいる時ではなく、落ち着いている状態で取り組むことがポイントです。

■ 保護者との情報共有のポイント

　園で見られる、何かに夢中になると「周囲の情報をうまくキャッチできない」「衝動的に行動する」などの特徴は、形を変えて家庭でも見られることがあります。たとえば、スーパーなど、子どもからよく見える位置にたくさんの魅力的な商品が並んでいる場所では、どうしても衝動的な行動を抑えられないなどです。保護者は繰り返し注意しても行動が改善せず悩んでいることがあります。

　保護者への伝え方としては、「園内では、落ち着いて行動できています。でも、散歩先では、危険なところでも走って行くことがあり、ふだんよりも声かけが届きにくいと感じます。新しい公園に散歩に行く時は、大人がもう一人一緒に行くと、落ち着いて行動できます」というように、子どもの成長点やうまくいった対応も共有することがポイントです。

　そもそも、「声かけだけで行動を抑えられない子どもは、外出先での自由な行動は、危険が伴うためむずかしいかもしれない」という前提の共有が大切です。保護者には「買い物には連れて行かない」「もう一人、大人が一緒に行く」という方法もあることを伝えるとよいでしょう。また、声かけで行動を抑えられる子どもの場合は、じっと品物を見た後に突発的に動くことが多いため、凝視する様子に気づいたら「お店のものはさわらない、だよね」と行動する前に声をかける方法も伝えてみましょう。

アリの行列を止めたかったAくん

　Aくんは、園ではいちばんの困りものと思われていて、先生たちからよく指摘を受けていました。ある年の遠足でも、Aくんは友だちのリュックに突然おしっこをかけてしまい、怒られてしまいました。

　後日Aくんに話を聞いてみると、「アリが行列をつくっていて、アリの行列をどうやったら止められるかなと思ったんだ」と言います。つまり、Aくんはアリに夢中になっていて、友だちのリュックは見えていなかったのです。

　もし、Aくんの行動の背景を周囲の大人が想定できていれば、「次は、近くにお友だちのものがないかどうか確認しようね」「気づいていなかったと思うけれど、お友だちは困ってるみたいだよ」と伝えられたかもしれません。子どもの行動を理解しようとする姿勢は、子どもの二次障害を予防することにもつながります。

> **コラム**　　衝動的な行動と二次障害

　発達障害などの一次障害がある状態で、自分の本来の性質や行動の理由を周囲に理解されずに、叱責や否定をされ続けると、自己肯定感が下がり、うつ病・不安障害・ひきこもり等の症状が二次的に現れることがあります。これを二次障害といいます。

　園で見られる衝動的な行動は、大人が「困った行動」ととらえることが多く、どうしても叱責の対象になりやすい側面があります。しかし、困った行動ではなく、「その行動しかできない理由があるのかもしれない」という視点に立つことで、子どもの見え方がずいぶん変わってきます。そして、その温かい見方を就学先にも引き継いでいくことで、その後も二次障害の発生リスクを抑えることにつながります。二次障害は、幼児期の生活とも深くかかわっているのです。

パニックになってしまう前の かかわりを大切にする

おしい！ 集団生活での「おしい！」サポート

パニックになった後に、ていねいにかかわる

> ブロックは投げないよ
> お友だちに当たった時は
> ごめんね、だよ

おしい！ ポイント

　ものを投げないことや人を傷つけた時には謝ることは、確かに幼児期に教えておきたいことの1つです。しかし、教えるタイミングが「いま」ではありません。

　大泣きして、ブロックを周囲に向かって投げている行動から、はるくんはパニックの状態であるといえます。自分の行動や気持ちをうまくコントロールできないほど混乱している子どもが、冷静に人の話を聞いたり、新しいことを学習したりするのはむずかしいでしょう。

Good！ 😊 集団生活での「Good！」なサポート

パニックになる前に、気持ちをしずめる手伝いをする

Good！ 😊 なポイント

　日々の保育のなかで、子どものトラブルをすべて防ぐことはむずかしいでしょう。しかし、「こういう場面で気持ちが崩れやすい」という傾向をつかんでいることが大切です。

　この場面では、保育者が子どもの気持ちに寄り添う言葉をかけたり、手伝うことを提案した結果、気持ちが大きく崩れずに済みました。そして、気持ちを調整してもちこたえたという、ポジティブな経験になっています。

■ パニックの時は、新しいことを学習できない

　人の行動では脳が重要な役割を果たします。脳のはたらきのどこかに不調が出ると、情報をスムーズに把握できなかったり、理解に時間がかかったり、過去の記憶をうまく引き出せなかったり、ということが起こります。このように脳の一連の流れが悪くなっている状態を「パニック」といいます。

　発達凸凹キッズはパニックを起こしやすいという特徴があるといわれていますが、パニックの表れ方は子どもによってさまざまです。ものを投げる、人を叩く、暴言を吐くといった「攻撃する」もの、何も言えない、動けないといった「停止する」もの、自分を叩いたり頭を壁に打ちつけるなど「自傷する」もの、さらには「泣く」という表現もあります。

　いずれの場合も、脳が「これ以上は限界です！」とサインを出している状態です。保育者としては、ものを投げるなどの危険な行動が見られた時には「いま、その行動がよくないと教えなければ…」と思うかもしれません。しかし、パニックの時は、ふだんはわかることもわからなくなっているため、新しいことを学習するなんてとても無理な話なのです。そればかりか、一生懸命話しかけたことが、余計な刺激となり、ますますおさまらなくなることもあります。

　また、発達凸凹キッズは突然パニックになると思われがちです。もちろん、そのような場合もあります。しかし、思いどおりにいかない小さなことの積み重ねや疲労、体調不良などの末に、最後のひと押しとなる「きっかけ」があることで、気持ちが大きく振り切れてしまい、パニックになることも多いのです。最後のひと押しは、周りから見れば「そんなことで？」と思うようなささいなことである場合もあります。

■ パニックの前にも後にもできることがある

パニックになってしまった後の対応が注目されがちですが、実はパニックになる前の対応が重要です。パニックになる前に対応することで、子ども自身が「パニックになるかもしれない」という予測を立てられるようになります。そうすると、パニックを予防する方法を教えていくことができます。対応としては、子どもがパニックを起こしやすい状況をある程度把握しておくことです。何をすればよいかわからない時、長時間がんばって疲労している時、生理的に不快な状況が続く時、要求された課題がうまくできない時など、子どもによって何らかの傾向があると思います。傾向を理解することで、パニックになる前にフォローしやすくなります。また、子どものもやもやした気持ちを代弁することで、子どもが自分の状態に気がついたり、共感により安心感を得ることで、気持ちを落ち着かせたりすることにつながります。

さらに、パニックになる前に、「つかえ」をとる対応も大切です。うまくいかないことは、子どもが許せる範囲で手伝ってあげることで、パニックにならずに取り組み直せることもあります。パニックになる前に、場所を移動する、水を飲む、休憩するなどを促すことも事前にできる対応の1つです。

パニックになってしまった時には、刺激を減らし、とにかく落ち着くまで待ちます。落ち着いたころに次に何をすればよいのかを具体的に示し、切り替えを手伝います。また、子ども自身やほかの子どもを傷つけないように、ものや人の少ない場所に移動させるなど環境調整を図ります。くれぐれも、気持ちを言わせる、謝罪させるなど、子どもにとってこれ以上処理できないことを要求しないようにしましょう。

■ 就学に向けたサポート

就学すると、子どもの人数に対する大人の人数が減るので、パニックの時に大人がすぐに対応できないことがあります。できるだけ幼児期のうちに、パニックにならずに済む方法、パニックになった後の対処方法を見つけておくことが大切です。

■ 保護者との情報共有のポイント

　パニックになった時に「停止する」子ども（何も言えない、動けないなど）に対して、保護者は「肝心な場面であえて黙っている」と誤解していることがあります。

　保育者からは「園でも、想定外のことをお友だちに言われたりすると、固まってしまうことがあります。わかりにくいのですが、とても混乱している状態だと思います。園では、大人が代わりにお友だちに返答したり、遊びの仲介をしたりすると、元の状態に戻れることが多いですよ」などと保護者に伝えてみましょう。保育者ならではの子どものとらえ方や対応の工夫は、保護者にも役立つはずです。

　また、泣き叫んだり、ものに当たったりする子どもの姿を見て、保護者は「家では、わがままなだけ」ととらえ、叱る対応ばかりになることがあります。確かに、子どもが主張を聞いてほしくて泣くこともありますが、状況によっては子どもが混乱し、自分ではどうしようもできない状態になっていることもあります。混乱している時に叱る対応は「火に油」です。保育者は、子どもの行動を解釈するヒントを保護者に伝え、共有できるとよいと思います。

パニックの背景にある生理的な不調

　病院に勤務していたころ、診察室に入るなり「くそばばぁ！」「どっか行けよ！」と強い言葉をぶつけてくる子どもがいました。周りから見ると「ひどい言葉を使って、何ということだ！」と思うかもしれません。しかし、実は「どこの誰だかわからない相手を前にしてとまどっています」「いまは調子が悪いので、離れてほしい」と訴えているのだと思います。この時は、冷たいりんごジュースを飲んでもらったら、うそのように行動が落ち着きました。

　パニックの状態は、意外と生理的な調整で落ち着くことがあります。発達凸凹キッズは、生理的なモニターの機能が弱くなっていることが多いため、寝不足、疲れ、空腹、喉の乾き、身体のほてりなどの感知が弱く、自覚がないまま不調に陥っていることがあります。したがって、冷たい飲み物を飲む、身体を冷やす、お菓子を食べるなどによって気分転換ができて、混乱した状態がおさまることがあるのです。大人になった元・発達凸凹キッズのなかには、空腹を感じる少し前にお茶を飲んだり、お菓子をつまんだりして調整をしている人もいます。

いつもとの違いを見せて
混乱を予防する

おしい！ 集団生活での「おしい！」サポート

いつもと違うことを「伝えたつもり」になる

おしい！ ポイント

　はるくんは、いつもと違うことが苦手です。保育者は、はるくんの特徴を理解し、あらかじめ、いつもと違うルールであることを伝えました。ここまでは「Good！」な対応です。しかし、言葉だけで伝えた点が「おしい！」といえます。

　はるくんは、言葉の理解に加えて、「何が起こるのかな？」とイメージすることも苦手なため、言葉だけではじめてのことを想像するのはむずかしかったようです。

Good! 😊 集団生活での「Good！」なサポート

いつもと違うことは見てわかるように示す

Good! 😊 なポイント

はるくんのように、はじめての活動が苦手な子どもには、いきなり参加させたり、言葉でいろいろと説明したりするのではなく、見てわかるように知らせている点が「Good！」です。

もし、はるくんが1回見ただけではわからなければ、何回か見るとよいと思います。はるくんの不安な気持ちが和らぎ、やりたそうな様子が見られたらゲームに誘うチャンスです。

■ パターン化したことは受け入れやすく、はじめてのことは苦手

　発達凸凹キッズのなかには、気持ちの変化をうまくコントロールできない子どもがいます。そのため、気持ちが乱れる原因となる変化や刺激を嫌い、より安心できるお決まりのパターン（流れ）を守ろうとします。パターンをかたくなに守ろうとしたり、パターンが崩れるとがまんできなかったりする傾向を「こだわり」と呼びます。

　また、発達凸凹キッズのなかには、言葉の指示を聞いて、何をするのかを理解したり、先々の展開をイメージしたりすることが苦手な子どももいます。失敗することを極端に恐れている場合もあります。

　これらの特徴が合わさると、いつもの流れではないことや、はじめての活動に対する苦手さは、より強いものとなります。いつもと違う流れになった時には、落ち着かずそわそわする子どもや、動けなくなる子ども、活動への参加を拒む子どもなど、苦手さの表現の方法はさまざまです。

　もう１つ知っておきたいのが、調子が悪い時にはこだわりが強く出やすいということです。寝不足、空腹、体調不良など生理的にしんどい状況だけでなく、わからないことが目の前に山積みで、不安が高まっている状況も「調子が悪い時」に含まれます。人は、調子が悪い時には、自分が信じているものや、わかっていて安心できることにしがみつきたくなるものです。したがって、いつもよりも「こうでなければいけない！」と強く主張する時は「どこか調子が悪いのかな」という視点で見守ることも大切です。

- お決まりのパターンが安心
- 言葉による指示理解が苦手
- 先々の展開がイメージしにくい
- 失敗することを恐れている

→

はじめての活動が苦手
（参加に消極的、うまく動けない）

■ いつもと違うことは、見てわかることを増やす

いつもとは違う流れで動く日や、はじめての活動を行う時には、「発達凸凹キッズは混乱するかもしれない」「いつもよりもサポートが必要かもしれない」と予測を立てておくことが大切です。そして、活動の時には、言葉だけで説明するのではなく、お手本や実物を見せるなど、見てわかる方法で伝えることで、よりイメージしやすく、安心感を得られるように工夫します。全体への指示の後に、個別に理解度や不安な気持ちを確認できるとよいでしょう。

さらに、はじめてのことには、最初から参加できなくてもよしとしましょう。保育者がそばについて活動に参加してもよいですし、活動の輪の外からみんなの動きを見るところから始めてもよいです。発達凸凹キッズのなかには、活動に参加しながら活動を理解するという「同時進行」がむずかしい子どももいます。見るだけの時間をつくることで、保育者がどのような指示を出しているのか、どのような行動が求められているのかがわかりやすくなります。

お手本やみんなの動きは、何度見てもよいことにしましょう。何度も繰り返し行う活動であれば、1日目は参加できなくても、何度か見ているうちに参加できるようになることもあります。

■ 就学に向けたサポート

いつもと違うことが苦手な子どもも、年長になるころには園生活に慣れ、行動が目立たなくなっていることがあります。一方、他園との交流会や遠足などの戸外活動、行事の練習など、いつもとは違う活動の時に見られる姿は、環境が大きく変わる就学直後の姿と重なります。いつもと違う活動の時に特徴的な行動が見られたら、就学先にそれらの情報を引き継ぎましょう。

■ 保護者との情報共有のポイント

　いつもと同じではない時に気持ちが大きく崩れてしまう子ども、たとえば1日が台無しになるほど落ち込んだり、どんな場所でも激しく、長時間泣き叫んだりする子どもがいます。そのような子どもの保護者は、苦労が多く「できるだけ子どもが崩れないように…」と気を配るようになります。そして、知らず知らずのうちに、保護者のほうがパターン化した行動をとっていることがあります。その結果、子どもは、その場をうまくやり過ごせるようになり、一時的には大きく崩れることが減りますが、そのうち、より一層こだわるようになります。そして、ますます親子ともにつらくなってしまう可能性があります。

　保育者は、保護者がとても苦労していることを忘れてはいけません。一方で、子どもの成長のために、親子が楽になるために、という視点で伝えられることがあると思います。たとえば、「いつもの流れが崩れて泣き始めたのですが、今日は寄り添いたい気持ちをぐっとがまんして、泣き止むまで見守りました。いつも願いが叶うわけではないことや、泣いてもいつもの流れに戻らないことを知ることで、はるくんの考えの幅が広がっていくのではないかと思ったのです。しばらくすると、自分で切り替えて活動に戻ることができました。すごくがんばったと思います」など、具体的に伝えられるとよいでしょう。気持ちに余裕のない保護者には、うまくいった対応を伝えることが望ましいです。

コラム　「誤学習」を防ごう

　いつもと違うことで気持ちが崩れやすい子どもは、どれだけ配慮をしても、何らかの原因で崩れることはあるものです。時には、保育者が気づかないほどささいなことでつまずくこともあります。

　大切なのは、子どもの気持ちが崩れた時の対応です。保育者は、「いつもと違うのは嫌だったね」「泣きたくなるよね」と共感を示す言葉をかけましょう。子どもは、共感してもらえたという安心感を得るだけでなく、もやもやした気持ちを整理することができます。しかし、それ以上は何もせず、子どもが落ち着いて最終的に泣き止むまで待つことが大切です。そうすることで、子どもは「騒いだところで事態は変わらない」ということに気がついていきます。

　もっとも避けたい対応は、泣いているからという理由で、いつもの流れに戻すことです。子どもは、泣き続ければいつもの流れに戻してもらえると誤解してしまいます。そして、大して気分を害していない状況でも、大人に対応してほしいがために、泣いて訴えるようになってしまう場合もあるので注意が必要です。

いつもと違うのは
嫌だったね

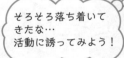

そろそろ落ち着いて
きたな…
活動に誘ってみよう！

8 サポート⑦ 「一人遊びはあまりよくない」という思い込みを手放す

おしい！ 集団生活での「おしい！」サポート

一人遊びをしている子どもを、
無理に輪に入れようとする

おしい！ ポイント

　一般的に３歳以降は、遊びのなかで子ども同士の交流が増えてきます。しかし、この時期に子ども同士で遊べないことを「よくない」と思い込むことは、「おしい！」です。

　電車を通して１つの世界観を共有することが楽しいと感じる子どもたちと、一人で電車を並べる、見るといった遊び方が楽しいはるくんとでは、明らかに遊びの質が異なります。無理に交流をさせても、互いに楽しめないのではないでしょうか。

Good! 😊 集団生活での「Good！」なサポート

一人遊びの背景に応じてかかわりを変える

一人遊びをする子にもそれぞれ理由があるよね…

ほかの子どもの遊びに関心がない

ほかの子どもと遊びたくても、遊び方がわからない

まだまだ大人としか遊べない

Good! 😊 なポイント

　一人遊びをする子ども一人ひとりの背景を考えた点が「Good！」です。一人遊びをする子どもには、さまざまな理由があります。理由によっては、保育者が仲介することで、友だちと一緒に遊ぶ経験につながることもあります。一方で、仲介することで、かえって子ども同士が心地よくなくなる場合もあります。一人遊びをしている背景を考えて、それぞれに応じたかかわりをしたいものです。

■ 一人遊びの背景はさまざま

　発達凸凹キッズのなかには、３歳を過ぎても一人遊びをしている子どもが一定数います。その背景にはさまざまな理由があります。

　たとえば、興味・関心の範囲が狭いことです。電車、戦いごっこなど、興味・関心の範囲が重なれば、一緒に遊ぶこともありますが、重ならない時には一人遊びになりがちです。また、人への関心が低い子どもは、人の遊びに注目しにくい傾向にあります。

　また、遊びの段階が違うことがあげられます。周囲の友だちはルールのある遊びやごっこ遊びなどに興味を示している一方で、ものを並べたり、車のタイヤを回転させて楽しんでいる子どもは、明らかに遊びの段階が異なっています。

　さらに、自分の思い描いた遊び以外が苦手なことがあげられます。ほかの友だちと一緒に遊ぶ時は、自分が知っている方法ではなく、相手に合わせて遊ぶこともあります。それがむずかしかったり、一緒に遊んでもほかの子どもとのトラブルが絶えなかったりすると、一人遊びを選びがちになります。このタイプの子どもは、自分に合わせて遊んでくれる大人とのかかわりを好むことも多いです。

　ほかにも、遊びたい気持ちは育っていても、うまくやりとりができず、友だちの輪に入れないこともあります。また、友だちとの遊びを経験すればするほど、一人遊びをすることが増えていく子どももいます。それは、他者と遊ぶなかで、自分の遊びを邪魔される、ものを独り占めできない、うるさくて不快、などと感じ「一人で遊ぶほうがましだ」と思ってしまうためです。なかには、友だちと一緒に遊ぶ力はあるものの、あえて一人遊びの時間をつくる子どももいます。疲れている時や気持ちが乗らない時には、一人で遊んで自分の調子を整えているようです。

■ 一人遊びをする背景に応じて、かかわりを変える

　子どもによって、一人遊びをする背景は異なります。その背景に応じて、大人が友だちとの遊びを仲介したほうがよいかどうかを考えていきましょう。

　原則として、遊びの段階や興味・関心が合わない発達凸凹キッズを、無理やりほかの子どもの輪に入れることは避けましょう。もちろん友だちの輪に入ることで、子どもにとって新たな経験につながる場合もあります。しかし、輪に入ることを無理強いされて子どもが不快な思いをした結果、人とのかかわりや遊びをさらに拒否するようになるリスクもあります。また、保育者がいない状態で友だちの輪に入れてしまうと、たとえば、使いたいものがある時は友だちを叩いて奪ってもよいなどという誤った学習をするリスクもあります。「子どもは子どもの集団のなかで学習する」という考えが通用しない時もあることを理解しておきましょう。

　一方で、友だちと遊びたい気持ちは育っているものの、やりとりのスキルが身についていない子どもや、ほかの子どもの遊びのイメージが理解しづらいために、うまく参加できない子どもに対しては、保育者の仲介が功を奏することがあります。保育者がお手本となって、やりとりの方法を見せたり、ほかの子どもの遊びのイメージを簡単な言葉で伝えたりするとよいでしょう。

　発達凸凹キッズは、人とかかわる機会が少なかったために、うまく人とかかわる方法を知らないだけということもあります。したがって、どのタイプの子どもであっても「どうせ一人遊びしかしないよね」と決めつけるのではなく、まずは保育者と遊ぶことからスタートし、友だちとの遊びに広げるチャンスをうかがっていきましょう。

■ 就学に向けたサポート

　就学後は、大人が遊びを仲介する機会が減るため、幼児期のうちに大人が仲介をしながら、ルールのある遊びに取り組みましょう。他者や全体のルールに合わせる経験、思いどおりにいかないことに折り合いをつける経験を積めるとよいと思います。

■ 保護者との情報共有のポイント

　多くの保護者は「同年代の友だちと仲よく遊んでほしい」と思っているものです。園や公園などで自分の子どもがいつも一人で遊んでいる様子を見ると、とても心配になります。

公園で、いつも一人で遊びたがるんです…何かできることはありますか？

　保護者から子どもの遊び方について相談を受けた時こそ、遊びのプロである保育者の出番ではないでしょうか。まずは、知識として、遊び方には順序があることを伝え、そのうえで、いまの遊びの段階や次の段階に進むために、園でどのような対応をしているかを伝えます。

　また、大人と1対1の遊びが上手になることが、友だちと一緒に遊ぶ力の土台になることも伝えると、家庭でもできることがある、というヒントになるはずです。

表 遊び方の順序

一人遊び：ほかの子どもの遊びには無関心で一人で遊ぶ
傍観遊び：ほかの子どもの遊びに関心が芽生えるが、加わらずじっと見ている
並行遊び：ほかの子どもと同じような遊びをしていても、互いに交流しない
連合遊び：ほかの子どもと1つのことに取り組むが、全体にまとまりがない
協同遊び：ほかの子どもと1つの目的を共有して遊ぶ。役割分担もできる

コラム　机上でできるルールのある遊び

　年中から年長にかけて、鬼ごっこ、フルーツバスケット、ドッジボールなど、さまざまなルールのある遊びに挑戦すると思います。ここでは、ルールのある遊びのうち、机の上ででき、自由遊びの時間に楽しめるものをいくつか紹介します。机の上でできるルールのある遊びはドッジボールなど身体を動かす遊びに比べ、意識を向けるべき範囲が狭くなります。そのため、複数のことに同時に意識を向けることが苦手な発達凸凹キッズも、ルールや周りの状況をつかみやすくなります。

　ルールのある遊びに取り組むなかで、他者や全体のルールに合わせる経験、他者とやりとりをする経験、負けや思いどおりにいかない気持ちに折り合いをつける経験を重ねていきます。発達凸凹キッズには「宝物」といえる経験になるはずなので、保育者がサポートをしながら楽しみましょう。

- お月さまバランスゲーム（エド・インター）
- ドブル（ホビージャパン）
- クラッシュアイスゲーム（友愛玩具）
- 窓拭き職人（アミーゴ社）
- ワードバスケット　ジュニア（幻冬舎edu）
- キャプテン・リノ（ハバ社）
- ハリガリ（アミーゴ社）
- ナインタイル（オインクゲームズ）
- ナンジャモンジャ（すごろくや）
- おばけキャッチジュニア（Zoch）

9 サポート⑧ 姿勢の崩れへの指摘は ほどほどにする

おしい！ 集団生活での「おしい！」サポート

姿勢が崩れるたびに注意する

おしい！ ポイント

　あきちゃんは、保育者から姿勢について声をかけられると、背中をピンと伸ばして座ることができます。保育者はその姿を見て、あきちゃんは座る力がある、やる気があればきちんと座ることができると誤解してしまい、何度も注意しました。

　しかし、あきちゃんは、一時的によい姿勢をする力はありますが、それを長く保つ力はありません。いまの力ではむずかしいことを求められると、嫌な気持ちになってしまいます。

Good! 😊 集団生活での「Good！」なサポート

姿勢は崩れるものと理解する

Good! 😊 なポイント

　保育者は、一度だけ姿勢について声をかけましたが、再び崩れた時には声をかけませんでした。それは、あきちゃんが、長時間同じ姿勢を保つことがむずかしいとわかっているからです。また、姿勢が崩れていることが、必ずしも話を聞いていないこととイコールではないことも理解しています。姿勢を直させるよりも、話を聞くことに重きを置いた対応が、「Good！」です。

■「ふまじめ」なのではなく身体機能に原因がある

　発達凸凹キッズのなかには、同じ姿勢を保ち続けたり、長時間じっとしていることがむずかしい子どもがいます。そのため、話を聞いている時には、自分なりの方法で、何とかいすから転げ落ちずに座り続けている姿が見られます。

　たとえば、ひじ掛けや机に、ひじや身体を大きく預けていることがあります。また、ひじ掛けがないいすでは横座りになって背もたれをひじ掛け代わりにすることもあります。さらに、お尻がずるずると落ちるのを防ごうと、足を伸ばしてかかとで踏ん張ることで、いすをガタガタ鳴らしてしまうこともあります。いすの上で正座をする、いすの上に片足を乗せて座るといった姿もよく見かけます。「ふまじめな態度」と誤解されがちですが、子どもなりに一生懸命工夫しているのです。

　姿勢を保つためには、一定の筋力に加え、姿勢を保ち続けるための筋緊張が必要になります。発達凸凹キッズは、筋緊張をうまく保つことができないことで、一時的にはよい姿勢をとることができても、その姿勢を長い時間保つことはむずかしいのです。

　確かに、興味のある活動の時には姿勢が崩れないこともあるので、やる気の影響は否定できませんが、発達凸凹キッズの姿勢の崩れの大半は、「がんばって座っている結果」であることを理解しておきましょう。

机に大きく寄りかかる	背もたれをひじ掛け代わりにする	ずり落ちないように踏ん張る

■ 身体を使う経験は別に取り組む

　姿勢を保つことが苦手な発達凸凹キッズに対して、よい姿勢をとることばかりに注力させると、話を聞く、お手本を見るといった大事なことに、十分に力を発揮できなくなってしまいます。また、座った姿勢で手を動かすような活動では、さらに姿勢を保つことの難易度が上がります。したがって、発達凸凹キッズの姿勢の崩れを指摘するのは、「ほどほどに」しましょう。

　発達凸凹キッズのなかには、「よい姿勢」と言われても、身体のどこをどのように使えばよいのかわかりにくい子どもがいます。もし、よい姿勢を保つ練習をするのであれば、一度立ち上がって、姿勢をリセットするとよいでしょう。そして、いすに座ってから「足の裏を床につける」「手は膝の上に置く」「背中はまっすぐ頭の方向に伸ばす」など具体的に身体の使い方を伝えていくのが上達のコツです。そのとおりにできたらしっかりほめて、よい姿勢の基準を理解してもらいましょう。

　姿勢を保つために使う筋力や筋緊張は、座って話を聞いている時ではなく、そのほかの日々の活動でつけられるのが理想的です。たとえば、トランポリンのように不安定なところでジャンプする、四つ這いでトンネルをくぐって遊ぶ、平均台の上を歩くなど、身体のバランスを保つ要素のある遊びを積極的に取り入れます。日々の散歩やリズム遊びも、身体づくりには欠かせません。

■ 就学に向けたサポート

　ずっとよい姿勢を保つことはむずかしいので、「活動の始まりと終わりのあいさつの時だけ」と決めて、よい姿勢の練習をするとよいでしょう。

■ 保護者との情報共有のポイント

　食事中に座っていられない、遊ぶ時にいつも寝転がっている、散歩の時に歩くのを嫌がるなど、家庭でも身体の弱い部分が影響した行動があるはずです。身体の課題は目に見えるため、保育者から指摘されると「確かに、家でも…」と理解しやすいと思います。

　バランスをとる遊びは、筋緊張をうまくはたらかせたり、筋力をつけたりするのに効果的です。園でやっている活動をそのまま伝えるのではなく、家庭で取り組める方法にアレンジして伝えると、保護者には喜ばれます。たとえば、大人が支えながらバランスボールの上で座る、やわらかい布団やクッションの上を歩く、四つ這いの姿勢でぞうきんがけをする、公園でロープ登りをするなどです。楽しみながら親子のスキンシップもかねられると、一石二鳥です。

粗大運動の苦手さは0歳から始まる

　発達凸凹キッズは、乳児のころから筋緊張が低く、安定感の低い動きが見られることがあります。そのため、バランスよく座ることや立つ動作の獲得が遅れることもあります。

　また、よく見ると動き方が気になる子どももいます。たとえば、寝返りの時に力を入れてえび反りのようになったり、自由に動けず一方向にだけ寝返りをしたりします（うつぶせから仰向けの一方向だけはできる、など）。また、お座りやハイハイが上手にならないうちに、早々につかまり立ちを始める子どももいます。1歳ごろに歩き始めたとしても、つま先立ちが頻繁に見られることもあります。これらの背景には、全身を協調させる動きがうまく獲得できなかったり、運動のパターンが少なかったり、感覚的に嫌な刺激を避けて動いたりすることが考えられます。

　多くの乳児を比較できる保育者だからこそ、早期に発達の違いに気づき、発達を促すサポートを開始できるのではないでしょうか。

石川先生の
発達凸凹
エピソード

かけっこで自分を抜いた友だちを突き飛ばしたBくん

　Bくんは、運動会のかけっこで、自分を抜いた友だちを突き飛ばしてしまいました。周囲の人は「いちばんになりたくて突き飛ばした」と思いましたが、本人は「急に何かが前に来て目標が見えなくなったから手でよけた」と言いました。友だちを突き飛ばしていたことを伝えるととても驚いており、わざとではないと判明しました。

　発達凸凹キッズのなかでも、身体を動かすことに不器用さがある子どもは、運動に集中すると、周囲の情報をうまく把握できないことがあります。その子どもなりの「真相」がわかれば、活動の設定を工夫して再発を防止できたり、保護者や周りの子どもへの状況説明にも役立てたりできるのではないでしょうか。

無理なくできることなのかを見極める

おしい！😖 集団生活での「おしい！」サポート

慣れてできたことを「ふつうにできる」と誤解する

おしい！😖 ポイント

　保育者は、ブロック遊びの様子を見て、はるくんは器用な子どもだと見立てました。そして、器用だから生活動作もスムーズにできるだろうと思い込んだところが「おしい！」です。

　本来のはるくんは、生活動作の習得にまだまだサポートが必要な状態です。しかし、器用な子どもだと誤解してしまったことで、生活動作を習得するためのサポートが声かけのみになってしまいました。

Good! 👶 集団生活での「Good！」なサポート

「慣れ」と「本来の器用さ」を分けて理解し、
必要なサポートを考える

Good! 👶 なポイント

　保育者は、はるくんが慣れによってできるようになったことを、器用さとは分けて理解した点が「Good！」です。

　さらに、はるくんが生活動作を身につけるためには、どう教えればよいのかを考え、工夫している点もよいと思います。はるくんは、言葉だけの説明では、うまく身体を動かせないので、手をとりながら一緒に動かすとわかりやすいようです。

■ 「慣れ」と「本来の器用さ」を分けて理解する

　発達凸凹キッズのなかには、遊び方のバリエーションが少なく、いつも同じおもちゃを使って、同じ種類のもの（たとえば電車など）をつくっている子どもがいます。このタイプの子どもは、だんだんこの遊びが卓越して、とても細かいものも扱えるようになり、周りからはとても器用な子どもに見えることがあります。

　しかし、発達凸凹キッズは、指先にうまく力が入らなかったり、身体のさまざまな部分を協調的に動かすことが苦手な子どもが多いです。そのため、遊びの精度の高さに反して、生活動作では不器用さが目立ち、違和感を覚えることになります。食事の場面では、スプーンの操作が苦手で、手で食べていたり、お皿に顔を近づけて食べていたり、着替えの場面では、ズボンが上がりきっていなかったり、脱いだ洋服をたためなかったりという具合です。

　保育者は、子どもが「慣れ」によってできるようになったことと、本来の器用さを分けて理解することが大切です。そして、周囲に比べて、生活動作の定着が遅い場合は、幼児期のうちに定着するような手厚いサポートがあるとよいのです。

「慣れ」でできるように
なったこと

苦手なこと

■ 生活動作は定着するまで繰り返しサポートする

　発達凸凹キッズのなかには、ほかの子どもと同じ手順や回数では、生活動作が身につかない子どもがいます。この場合、保育者には、生活動作の教え方を工夫しつつ、動作が定着するまで繰り返しサポートすることが求められます。

　教え方の原則は、「1つずつ教える」ことです。洋服を着る場合、床に洋服を置き、洋服のすそをもって、頭を入れて、首元をもって頭を通す、という連続した動作を行います。この動作を一度に教えてしまうと混乱するので、一つひとつの動作を保育者と一緒に行います。この時、保育者が子どもの後ろ側に回って動作を介助しながら行うと、よりわかりやすいでしょう。

　また、楽に着脱できるように、少しゆったりとしたデザインの洋服を選ぶなど、環境的な調整を行うことも大切です。リュックのもち手に大きな輪をつけて、フックに掛けやすくしたり、スプーンの柄を太いものに変えて握りやすくしたりという調整も効果的です。

①床に洋服を置く　→　②洋服のすそをもつ　→　③頭を入れる　→　④首元をもって頭を通す

■ 就学に向けたサポート

　就学後は、自分の机の後ろの狭いスペースで、立ったまま着替えることになります。発達凸凹キッズは、新しい環境に慣れるまでに時間がかかるので、在園中から少しずつ練習できるとよいでしょう。

■ 保護者との情報共有のポイント

　幼児期のうちに生活動作が自立しなかったり、自立していても時間がかかったりすると、就学後、特に通常の学級に進学する場合は、困り感が出やすくなります。生活動作は、家庭でも日々行うことであり、園と保護者が協力しやすい課題の1つです。気になる生活動作があれば、就学前に保護者も巻き込んで練習していけるとよいでしょう。

　ただし、発達凸凹キッズにとって、生活年齢に合わせた課題が必ずしも「いま」のその子どもに必要な課題であるとは限りません。たとえば、スプーンの使い方がままならない子どもに「年中の後半だからお箸の練習をしよう」というのは無理な話です。保育者が、子どものいまできる練習のレベルを考えて、「お箸の前に、まずスプーンを上手に使えるようにがんばりましょう」などと保護者に提案できるとよいでしょう。

コラム トイレトレーニングは つまずきやすいことばかり

　保育者は、たくさんの子どものトイレトレーニング（以下、トイトレ）を経験している、いわばトイトレの達人です。一方、保護者はトイトレの開始時期や子どもに合った方法がわからず、試行錯誤を繰り返していることが多いです。

　発達凸凹キッズは、トイトレで苦労することがとても多いです。保護者ががんばって取り組んだことが子どもには合わず、しばらくトイトレから遠ざかることも少なくありません。そこで、発達凸凹キッズが大きくつまずく前に、保育者が子どもに合ったトイトレの方法を保護者に提案していくのが理想的です。

　トイトレでつまずきやすいポイントの1つは、下衣の着脱の動作です。発達凸凹キッズのなかでも指先の細かい動作が苦手な子どもは、ズボンや下着の着脱動作が負担になります。したがって、トイレに慣れることを優先させるために、ズボンや下着の着脱動作については、大人が手伝う量を増やすことも方法の1つです。

　また、場所の移動もつまずきやすいポイントです。発達凸凹キッズのなかには、気持ちを切り替えることが苦手で、自分のタイミングではない時に場所を移動することを嫌がる子どももいます。切り替えがむずかしい子どもは、遊びの切れ目や別の場所に移動する途中にトイレに誘ってみるとよいでしょう。

　ほかにも、感覚の敏感さによりトイレの便座に座れない、便座の上で姿勢を保ちながら排泄することがむずかしいなど、トイトレはつまずきやすいポイントがたくさんあります。発達凸凹キッズのそれぞれの特徴をふまえ、保育者のトイトレの技術を発揮して取り組んでいきましょう。

11 サポート⑩

偏食・少食は「なぜ食べないのか」の謎を解く

おしい！ 集団生活での「おしい！」サポート

食べない原因を考えずに、何でも食べさせようとする

おしい！ ポイント

　集団生活を始めると子どもの好き嫌いが減る、ということがありますが、なかには、偏食や少食が改善しない子どももいます。

　あきちゃんは、お肉を咀嚼しきれなかったので、口から出しています。はるくんは、いろいろな食材が混ざっている食べ物が苦手なので、分けて食べていました。食べられない理由を、少し踏み込んで考えられなかった点が「おしい！」です。

Good! 集団生活での「Good！」なサポート

毎日の食事の姿から、食べられない原因を考える

Good! なポイント

　食べられないものがある時は、繰り返し給食の時の様子を観察したり、家庭での食事の様子を聞いたりして、「食べられない理由」を理解していくことが大切です。

　あきちゃんは、お肉以外にも繊維の多い野菜を口から出すことから、年齢相応の噛む力が育っていないことが推測できます。はるくんは、最初は野菜が嫌いなのかと思われていましたが、カレーを食べる様子から「混ざる感覚」を嫌がっている可能性が見えてきました。

■ 食べられない理由は奥深い

　発達凸凹キッズは、食事においてもさまざまな苦手さが出やすく、偏食や少食はよく見られます。ここで注目したいのは、「食べられない」といっても、その背景にはさまざまな理由があるということです。

　背景の1つに、口の運動機能の未熟さがあります。発達凸凹キッズは、口先を動かす微細運動や、舌や頬、口唇を協調させてバランスよく運動させることが苦手なことが多いです。口の動きは、離乳食の時期からつまずきがあり、幼児になってからも苦手さを引きずっていることも少なくありません。口のなかでうまく咀嚼・飲み込みができない時は、口の外に出す、あまり噛まずに飲み込む、リスのように頬のなかに溜め込むなど、子どもなりに対処しています。また、食べると疲れるので、やわらかくて食べやすいものばかりを好むこともあります。

　2つ目は、感覚の違いです。子どもによって差が大きいのですが、食事に対して何かしらの苦手な感覚をもっていることがあります。口のなかでいろいろな食材が混ざる感覚が気持ち悪い、硬いものが口のなかで刺さって痛い、温めていない食べ物を極端に冷たく感じる、などです。混ぜご飯やカレーライスなど、見た目が混ざった食べ物に抵抗がある子どももいます。

　3つ目は、経験による差です。発達凸凹キッズのなかには、新しい食べ物、つまり得体の知れないものを受け入れにくい子どももいます。同じものばかりを好み、食事の経験が広がりにくいことであまり食べられない状態になります。また、無理やり食べさせられるなど、過去に食事での不快な経験を重ねていると、偏食の改善はかなり難航します。

　4つ目は、食欲のムラがあることです。発達凸凹キッズのなかには、空腹を感じにくく少量で満たされている子どももいます。

　ほかにも、食事に集中し続けることがむずかしいこと、同じ姿勢で座っていることがしんどいことなどが関係している場合もあります。

■ 食べられない「謎」を解くことから始めよう

　子ども一人ひとりの「食べられない理由」がわかると、よいサポートの方法を見出すことができます。そのためには、日々の食事の場面で、何を食べて何を食べなかったかを分析することが大切です。

　口の運動機能の弱さがある場合に、「硬いものが食べられないから硬いもので噛む練習をする」というのはよくある誤解です。口の動かし方を習得するには、うまくできていない運動の段階までさかのぼる必要があります。たとえば、1つ以上前の食事の段階に戻して練習する方法も効果的です。幼児食を食べている場合は、完了食や離乳食の後期食に戻します。下のクラスから1品もらってきて、どの程度のやわらかさや大きさの食材であれば食べられるかを確認してみてもよいでしょう。上達してきたら、少しずつ硬さや大きさをレベルアップしていきます。

　食べられない理由に感覚の違いがある場合は、「いま、子どもが受け入れられる食材は何か」を探します。そして、「水1滴、米1粒」くらいの超スモールステップで、受け入れられる範囲を広げていきます。たとえば、お茶が飲めないのであれば、水などの飲める飲み物に1滴だけお茶を混ぜて練習します。コロッケなど、表面がカリッとした揚げ物を好む場合は、苦手な食材を揚げる方法もあります。

　とはいえ、食事の経験を広げていくためには、「これ食べてみない？」という保育者の促しが大切です。併せて、食事が不快なものにならないように、促しをほどほどにする姿勢も大切です。子どもが嫌がる場合は「まだむずかしいね。少しずつがんばろうね」と受け止めて、長い目で見守っていけるとよいでしょう。

■ 就学に向けたサポート

　就学先では、食事の時間が限られています。園でも、食事の終了時間を伝えてその時間内で食べる練習ができるとよいと思います。食べきれないと予測される場合は、最初から減らす練習をしてみるとよいでしょう。

■ 保護者との情報共有のポイント

　偏食が強い子どもの保護者は、食卓に出したものを食べてくれない、家族とは別につくる必要がある、栄養バランスや摂取カロリーが心配など、食事に関して負担を感じていることが多いです。

　食事でネガティブな経験を重ねている保護者は、一般的に食育で大切にされる「子どもが食べなくても食卓にいろいろ出す」「大人がおいしそうに食べる姿を見せる」などといったこともできなくなっていることがあります。子どもの偏食が改善する気配があっても同じような食材ばかり出してしまうと、子どもが「家では、自分の好きなものしか食べなくてよい」と思ってしまい、偏食を強化することにつながりかねません。

　食事の経験が広がりにくい親子には、給食はとても貴重です。保育者は、子どもが少しでも関心をもったものや食べようとトライしたものの情報を保護者に伝えていきましょう。保護者の負担は理解しつつも、保護者が「家でもやってみよう！」とやる気になれるようサポートしていきたいです。

はじめて
トマトのにおいを
嗅いでいました！

絶対に
食べないと思って
家では出して
いませんでしたっ！

栄養の知識が偏食の改善のきっかけに

　発達凸凹キッズのなかには、幼児期に偏食がかなり強い子どもがいます。白い炭水化物しか食べない、野菜はまったく受けつけないという子どもも多く、なかには、同じメーカーの同じ種類の食材以外は受けつけないといった強者もいます。

　それでも、幼児期の偏食が、年齢を重ねるごとに、少しずつマイルドになっていく子どもが多いと感じます。意外に思うかもしれませんが、偏食が和らぐ1つの転機は、栄養素や食事のバランスについての知識を得ることのようです。就学先での学習やそれ以降の経験で、「好きにはなれないけれど、バランスよく食べたほうがよいらしい」と知ることで、これまで食べなかった食材に少しずつ挑戦していきます。そして、食べる経験を重ねるなかで嫌いだった味に徐々に慣れていくことで、結果的に食事の経験が広がる子どもが多いのです。感覚の敏感さは年齢とともに多少和らいでいくので、その点でも食事の経験が広がっていくようです。

　ただ、知識はあっても、食べてみるきっかけがないと経験としては広がりにくいものです。幼児期は、特に強く偏食が出る時期ですが、食べられなくてもよいので、いろいろな食材が食卓に並び、目にする機会があることが大事だと思います。また、「まずくて嫌だった」と感じてもよいので、食材にトライしていく経験自体が大切です。感覚の敏感さがある子どもは、ほんのわずかな変化でも違和感があるので、いま食べているものに「水1滴を加えるような、ごくわずかな変化」から試していくことがポイントです。

行動が遅れがちな子どもには、いろいろなサポートを試してみる

おしい！ 集団生活での「おしい！」サポート

子どもの行動が変わらないのに、同じ声かけを続ける

おしい！ ポイント

あきちゃんは、散歩の支度や部屋からホールへの移動などでは、いつも遅れてしまいます。保育者は、それを見越して個別に声をかけました。ここまでは「Good！」です。

しかし、毎回、同じ対応をしている点が「おしい！」といえます。「支度を始めるよ」という声かけで、あきちゃんの行動が改善しないのであれば、ほかの方法を試していく必要があるのかもしれません。

Good! 集団生活での「Good！」なサポート

いろいろなサポートを試しながら、行動の変化を見る

Good! なポイント

　あきちゃんがいつも集団から遅れる理由は、いくつか考えられます。しかし、あきちゃんがその理由を自分で説明できるわけではありません。

　そこで、保育者が「これが遅れる理由なのでは？」と仮説を立てて答え合わせをするという流れを繰り返し、あきちゃんにとってベストな対応を考えていきました。そうすると、あきちゃんの行動の変化につながりやすい対応が見えてきます。

■ 行動が遅れる理由を検証する

　発達凸凹キッズのなかには、場所の移動や活動の準備などの切り替えの場面で、いつも遅れてしまう子どもがいます。いつも最後になることが悪いわけではないですが、集団で動く場面では、急いでもらわないといけない状況もあると思います。

　行動が遅れがちになる背景には、大きく2つの傾向があります。

● 意識や理解の段階でつまずく

　「意識や理解の段階」でのつまずきにも、いくつかの理由が考えられます。まず、集団の動きに合わせて行動をする意識が低いことです。発達凸凹キッズのなかでも、人への関心が育ちにくい子どもの場合は、周りに合わせて動く意味を感じにくいです。マイペースに動いた結果、自分にとって好ましい出来事を経験すると、そのマイペースさは強化されます。たとえば、園庭から部屋に戻る時に、最後に行動することで遊具を独占できたという経験をすると、次からも最後に動けばよいと思ってしまいます。

　また、声かけに対する気づきや理解が苦手なこともあげられます。周りに合わせて動く気持ちが育っていても、「お部屋に戻るよ」といった声かけを聞き逃したり、言われたことを十分に理解できない子どももいます。このタイプは、ほかの子どもが動き始めてから行動が必要なことに気がつくので、結果的に集団から遅れることになります。

　さらに、不安が強いために確認をしなければ動けないこともあります。声かけは聞いており、内容の理解はできているものの、人の動きを見たり、保育者に確認したりして、自分の行動に確証をもってから動くために集団から遅れてしまいます。

● 実行する段階でつまずく

「実行する段階」でのつまずきにも、いくつかの理由が考えられます。まず、生活動作や生活の流れの手順を十分に理解していないことです。一般的には、3歳児クラスになると、着替えの手順や散歩に行くための支度の手順を覚えられる子どもが多いです。しかし、発達凸凹キッズのなかには、3歳を過ぎて、繰り返し同じことを経験しても、なかなか手順を覚えられない子どもがいます。手順の理解が進まない理由はさまざまですが、その1つに、注意や意識が途切れやすいということがあります。注意や意識が途切れた部分は穴が空いたような状態なので、着替えや散歩の準備など、ステップの数が多く、一連の流れを把握しなければ進めにくいことは、苦手になりやすいです。

また、身体の使い方や体力面に課題がある場合もあります。動作が何となくぎこちない子どもは、細かい動作の多い着替えなどは、想像以上にむずかしく体力を消耗します。また、体力が十分でない子どもは、散歩の後や午前の活動を終えたころにはヘトヘトになってしまい、着替えの途中でぼーっとしていることもあります。

さらに、注意力の課題がある場合があげられます。動作の手順は理解できていても、ほかの子どもの動きや周囲の音などの刺激にいちいち反応してしまうため、動作が途中で止まりがちです。このタイプの子どもは、声をかけることで、注意を自分の行動に戻すことができれば行動を再開できます。

集団の動きに合わせて行動するという
意識が低い

まだ
遊びたい…

生活動作の手順を
十分に理解していない

次は
どうするのかな？

■ 仮説を立てて答え合わせをしていく

　発達凸凹キッズにとって、集団に合わせて動けるようになるとよいことがたくさんあります。たとえば、お手本を見て動く練習やどうしても抗えないものに慣れ、自分のやりたいこととの折り合いをつける練習ができます（p.16、17参照）。できる範囲で、集団と一緒に動ける力をつけていきたいものです。

　発達凸凹キッズが、集団から遅れて動く理由はさまざまです。子どもが自分の行動について説明してくれればわかりやすいですが、残念ながらそれはむずかしいでしょう。そこで保育者は、「遅れる理由はこれかな？」という仮説を立てて答え合わせをするという流れでサポートする必要があります。

● 意識や理解の段階でつまずく

　集団に合わせて行動をする経験や意識が低い子どもには、「みんなと一緒に動くとよいことがあった」という経験を重ねられるようなサポートが必要です。たとえば、周りと一緒に動いた結果、長く遊びを楽しめる、残りもののおやつではなくいちばん大きいものを選べる、「よくがんばったね」とほめられる、などです。行動が遅れている状況で本人が望む展開になってしまうと改善しにくくなるので注意が必要です。

　声かけに対する気づきや理解がむずかしい子どもには、指示を伝える前に子どもの名前を呼んで注目を促したり、見てわかる情報を増やしたりして理解をサポートします。

　不安が強く、確認しなければ動けない子どもには、「大丈夫、合っているよ」といった安心につながる声かけをします。同時に、「心配になっちゃうんだよね」と、確認したがるという行動の意味を言葉で知らせます。このタイプの子どもは、確認するスキルはすばらしいものの、度を超えるとしつこいと思われてしまう可能性があります。文字が読める子どもであれば、書かれた指示を自分で見て確認する方法を教えていくことも、就学に向けたサポートとしては大切です。

● 実行する段階でつまずく

　生活動作や生活の流れの手順を理解することが苦手な子どもには、動作や流れの全体像をイメージできるようにサポートしていきます。全体像をイメージするためには、できるだけ時間がかからないように保育者が手伝って、ぱっぱと進めていくことが重要です。そして、最後の手順だけを子どもにやってもらい「完成」させて、「できたー！」という感覚につなげます。たとえば、靴下をはく動作であれば、靴下を広げて足を入れるところは大人が手伝い、最後の靴下を引っ張り上げるところだけを子どもにやってもらいます。それが苦労なくできるようになれば、徐々にサポートの量を減らしていきます。

　身体の使い方や体力面に課題がある子どもについては、疲れて行動が止まっている時は、休憩してもよいことを伝えます。少し休めたら、また声をかけます。身体の使い方がぎこちない子どもは、保育者がマンツーマンで生活動作を教えていく必要があります。１人でできるようになれば、疲れやすさも和らいでくるでしょう。

　注意力に課題がある子どもには、パーテーションなどの仕切りを置いて、気が散る原因（刺激）を減らしたり、ほかの子どもが着替え終わって、周りが静かになってから着替えを始めたりする方法もあります。

■ 就学に向けたサポート

　発達凸凹キッズの仲のよい友だちが「お手本」になるような行動をとる場合、その動きをまねすることで、実際には行動の遅れが目立たないことがあります。就学後に人間関係が変化すると急に動けなくなることもあるため、その友だちがいない時の行動も観察することが大切です。

■ 保護者との情報共有のポイント

　家庭では、保護者が子どものペースに合わせて行動することが多いため「行動が遅れる」という状況はほとんどありません。つまり、保護者は、園での集団生活の場面を知らないため「集団でいつも行動が遅れる」という状況やその理由を理解しにくいものです。しかし、就学に向けて、子どもが集団でどのように動く傾向にあるのかは、知っておいてもらいたい情報です。

　集団での行動の様子を伝えたい時は、日ごろの会話だけでなく、保育参観などの機会を利用して、直接子どもの様子を見てもらうのも1つの方法です。この時、できれば園長など担任以外の人が、保護者のそばで子どもの行動の様子を解説します。担任は、あえてワンテンポ置いてからサポートすることで、サポートの過程も説明できるとよいでしょう。

　帰宅してから、子どもに厳しく言い聞かせようとする保護者もいるため、「いま目立っている行動は、あきちゃんの苦手なことでもあり、サポートを増やすことで成長が期待されることでもあります。じっくり時間をかけてサポートしたいです」と、保育者の意向を伝えておくことも大切です。

▶ ▶ ▶ 第3章保護者対応③参照

保護者と
よい関係を築く
6つの対応

　発達凸凹キッズは集団場面と個別の場面では「できること」が異なる傾向があります。したがって、園での姿と家庭での姿が一致していないことがよくあります。保護者は、園での様子を実際に見ていないので、保育者から園での様子を聞いても半信半疑になるのは当然かもしれません。信頼関係がなければ、園から言われることをそのまま受け取ることもむずかしいでしょう。

　一方で、発達凸凹キッズにとって、園と家庭での認識やルールが大きく異なる状況は、暮らしにくさの要因になります。場に応じて行動を変えることに苦労しない子どもはいいのですが、いつもと同じように、ルールどおりにやりたい子どもや、いまいる場所に対する意識をもちにくい子ども、何かに夢中になってルールを守ること自体を忘れてしまう子どもなどにとって、場によって異なるルールを守ることは大きな負担になります。場所や人によって善悪の判断基準や人とのかかわり方のルール、禁止されている行為などが異なるということ自体に混乱してしまうからです。

　年齢とともに状況に合わせて行動できるようになるので、場所によってルールが異なる場合でも、いずれは無理なく暮らせるようになりますが、幼児期には周囲の大人の言うことが一貫しているほうが気持ちも行動も安定します。本章では、周囲から見たその子どもの「像」を一致させて、一貫した対応をするために必要な「保護者との情報共有のコツ」をお伝えします。

　保育者は、発達凸凹キッズの保護者が人生で最初に出会う「親と子をサポートしてくれる支援者」です。子どもの就学後も、保護者が学校の先生などの支援者とよい関係を築き、子どもにとって適切なサポート体制を継続していくには、幼児期に出会う「最初の支援者」の存在を好意的にとらえられるかどうかが重要になります。未来も見据えた保護者対応をめざしていけるとよいと思います。

■ 保護者対応とは

　本書では、日常的なやりとりや行事の際の対応など、保護者との関係性を築くためのすべての対応を「保護者対応」と考えます。

登園時・降園時の立ち話　　　　個室での面談　　　　保育参観

■ 発達凸凹キッズの保護者との連携

　発達凸凹キッズの保護者とは、子どもの苦手なことや、できるようになったことを共有するなど、ほかの保護者に比べて話す機会が自然と多くなります。時には、ほかの子どもを叩いてしまった、パニックになってつらい思いをしたなど、保護者にとってはあまり聞きたくない話をしなければならないこともあります。そのため、園と家庭で連携する機会は多いものの、むずかしさがあるのが特徴です。

　しかし、園と家庭の連携により適切な情報共有ができると、発達凸凹キッズにとってはよいことばかりです。環境の影響を受けやすい子どもについては、子どもの本来の姿の「解像度」を上げていくことができます。また、場所によるルールの違いに混乱しやすい子どもは、園と家庭のルールを一貫させることで気持ちや行動が安定し、生活の混乱を減らすことができます。

■ 発達凸凹キッズの保護者への対応「３つのキホン」

　発達凸凹キッズの保護者への対応においては、「３つのキホン」を押さえることで、無用なトラブルを減らすことができます。

● キホン①：保護者に余裕があるタイミングをねらって話す

　よくある保護者対応のトラブルとして、「お子さんの様子についてお話ししたいのですが…」と、保育者が言葉を選んで話しかけたところ、なぜか話し始めて早々に保護者が怒り出すことがあります。保育者は、「私の発言で怒らせてしまったのだ」と反省しがちですが、実は話の内容ではなく、話しかけたタイミングにきっかけがあることが多いです。

　子どもに関する話をしっかり聞いてもらったうえで話し合うためには、保護者の心の準備や余裕が必要です。急いでいる、体調が悪い、金銭的に余裕がない、育児がつらいなど、保護者に余裕のない状況では、保育者の話を聞いて受け止めることはむずかしくなります。保育者のタイミングで話すのではなく、保護者の状況をふまえ、お迎えの時に声をかけたり、面談などの機会を利用したりするなど、工夫が必要です。

　また、保護者に子どもの話をした際に、「伝わっていないな…」と感じた場合は、「いま」は相談するタイミングではないのかもしれません。一度、時間を置いてみましょう。無理に話を進めて、保護者の怒りや混乱を招いたり、いつも嫌なことを言ってくる人と思われて、避けられたりすることのないように配慮しましょう。

● キホン②：踏み込んだ話は関係性ができてからする

発達凸凹キッズの日ごろの様子を伝えると、保護者はどうしても「できないことを指摘された」と感じてしまいます。信頼関係ができていれば、「信頼している先生が言うのだから…」という前提で聞くことができますが、そうでなければ「何で、そんなこと言われなくちゃいけないの？」と受け入れがたい気持ちになるでしょう。一度「保育者は嫌なことばかり言う存在」だと思われてしまうと、関係を修復するのはなかなかむずかしくなります。

保護者とよい関係性を築く第一歩は、意外に思われるかもしれませんが、子どもに関係のない、何気ない会話を重ねることです。たとえば「お仕事とお家のことと…、本当にお疲れさまです」と日々のがんばりに敬意を示したり、「何かありましたか？　少し元気がないように見えたので…」と心配する気持ちを伝えたり、「いつもお洋服がすてきですね。どこで見つけてくるのですか？」と趣味や趣向に関心を示したりなど、保護者を「○○くんのパパ・ママ」ではなく、一人の人として尊重し、気遣うことや、互いを知り合うことがよい関係につながっていきます。

一方で、子どもの話題を通して、保護者との関係性を築くためには、子どものきらりと光る姿をたくさん発見し、保護者に具体的に伝えていきましょう。「○○に取り組んでいました」のような事実を伝えるだけでは不十分です。「こんな面白いことを発見していました」「お友だちとのかかわりで、いままでにはない姿が見られました」のように、子どもの個性や変化がわかるような伝え方が、保護者の信頼につながります。そして、「いつもよく見てくれている先生」という信頼が、少し踏み込んだ話をするきっかけをつくってくれます。

● キホン③：結果は後からついてくると信じて、サポートを続ける

　保護者に対して、発達凸凹キッズの気になることや、将来を見据えて必要だと感じることを伝えても、「なかなか伝わらない…」と感じている保育者は少なくないと思います。背景には、乳幼児期の発達凸凹キッズの保護者は、まだまだ子どもの現実を受け止めきれなかったり、目の前の育児で精一杯になり先のことを考える余裕がなかったり、ということが考えられます。また、発達の状況を比較する兄弟姉妹がいない、保護者自身が発達凸凹キッズと似た性格であるなども、保護者との共通理解が得られにくい要因になります。

　しかし、子どもが乳幼児期のうちに結果を出そうと焦るのは禁物です。焦りが出ると、保護者にとってよいタイミングではない時に無理に療育をすすめたり、「発達の遅れ」「障害」という言葉を使って保護者に説明してしまうことがあります。保護者によっては、保育者との関係が崩れ、在園中には話もできない状況になることもあります。

　知っておいてほしいのは、子どもが乳幼児期のうちに保護者の理解が十分に得られなくても、小学校入学後にこれまでの保護者対応の成果が芽を出すこともある、ということです。就学後、何か困った時に、「そういえば、園でもサポートが必要だったな。学校でも必要なのかな…」と思う保護者もいます。保護者と保育者との関係を絶つことなく、日々の子どもの様子を共有し続けることで、いずれ子どもに必要なサポートにつながっていきます。「結果は焦らず、しかし諦めず」という考えで、長い目で保護者とのかかわりを見ていきましょう。

　発達凸凹キッズの保護者への対応は、担任一人では抱えきれないこともあります。保護者のタイプや関係性によっては、担任が伝えるのか主任や園長が伝えるのかを検討するなど、園全体で協力していけるとよいと思います。

　ここからは、「３つのキホン」をふまえながら、発達凸凹キッズの保護者とよい関係を築いていくためのコツを具体的に見ていきましょう。

家庭と園では、見られる行動が異なることを前提に話す

Good! 「Good！」なサポート

Good! なポイント

　「一般に、家庭と園などの集団では見られる行動が異なる」ことをふまえて、話したことが「Good！」です。特に保護者が子どもの発達の凸凹に気づいていない可能性がある場合は、保護者の養育方法や子どもを否定しているわけではないこと、家庭での様子を知り、園での対応を考えたいことなど、保育者の意図が伝わりやすくなります。

　保護者が子どもについて気になることがなければ、当然、園でも順調に過ごしてい
ると思っています。そのため、突然、園での気になる様子を伝えると、保護者は驚
き、そして「うまくいかないのは、保育者のせいでは？」と疑うことになります。

　発達凸凹キッズのなかには、家庭と園では、行動が大きく異なる子どもがいます
が、環境の違いに目を向けると、その理由が見えてきます。家庭では、帰宅→夕食→
入浴→就寝といった流れは、大きく変わることはありません。その環境では、保護者
があれこれ声をかけなくても子どもは「いつもの流れ」として、動くことができま
す。反対に園では、昼食→午睡の流れは変わりませんが、その他の活動内容は予測で
きないものがあったり、天候によって突然予定がなくなったりと、イレギュラーなこ
とばかりです。そのため、園では、保育者の指示を聞いて、状況に合わせて動くこと
が求められます。

　また、家庭での声かけの質や量はさまざまで、「お風呂〜」のように単語でやりと
りをする家庭もあれば、「お風呂に入って、それから着替えるよ」のように声かけを
する家庭もあります。一方、園では、保育者がクラス全体に向かって、ある程度の長
さの言葉で指示を出します。そのため、言葉を聞いたり、理解したりすることが苦手
な子どもは、行動に支障が出やすいのです。

　さらに、家庭では、大人が子どもに合わせることができ、できないことは大人が手
伝ってあげられます。一方で園では、家庭ほど一人ひとりに手をかけられません。サ
ポートの量によって行動に違いが出る子どもは、集団生活で遅れが目立ちやすくなり
ます。

保護者自身が発達凸凹キッズと性格が似ていたり、家庭内に比較の対象となる兄弟姉妹がいなかったりすると、発達凸凹キッズの特徴が見られていても、保護者が気づきにくいこともあります。

　そこで、園での様子を保護者に伝える前に、「園で見られる行動は、家庭では見られていないかもしれない」という前提を共有しましょう。そのうえで、園では、子どもがとまどっている様子が見られること、とまどいを減らすためのサポートをしたいと考えていることを伝えたり、「園では○○のような行動が見られるのですが、家庭ではどうですか？」と尋ねたりします。あくまで、園（集団）で見られる行動について話しているのであり、保護者の養育や子どもの行動を責めているわけではないということを示す必要があります。

　家庭でも園でも同じような行動が見られる子どもの場合は、「対応の参考にしたいので、家庭での対応方法を教えてください」と伝えてみましょう。もし、保護者が対応に困っているのであれば、一緒に対策を考えたいと伝えると、保護者も安心します。

保護者対応の
コツ

家庭と園では見られる行動が異なるという前提を共有する！

「できたこと」を伝えて話を終える

Good! 「Good！」なサポート

Good! なポイント

保育者は、はるくんの気になる行動に対し、サポート方法を試してみたうえで、うまくいったことを保護者に報告しました。保護者は、園でのはるくんの様子を知ることになりましたが、最後には子どものことをしっかりほめてもらえて安心した気持ちになっています。

こんな対応していませんか？　ざんねん…

- 「○○がむずかしいです」と子どもの気になる行動や苦手なことだけを伝える
- 「○○は上手にできましたが、△△ができませんでした」と、よい話の直後に悪い話をする

　発達凸凹キッズの苦手なことは、保護者にも知ってもらったほうがよいので、隠す必要はありません。しかし、保護者はこの話題に抵抗を感じやすいことは忘れてはいけません。なかには、「○○がむずかしいです」と伝えると、家庭で何とか対応してほしいと言われていると感じ、子どもをきつく叱る保護者もいます。保護者が偏った受け止め方をしないように、伝え方の工夫が必要なのです。

　保護者対応のテクニックとしてよくいわれる「よい話をしてから、子どもの気になる様子を伝える」という方法は、実は注意が必要です。ふだんから子どもの様子を伝え、しっかりほめることをしている場合は問題ないのですが、そうではない保育者が急に子どものことをほめると、保護者は「どうして急にほめるのだろう」と不思議に思っているうちに、「実は○○ができなくて…」と話が続くため、ネガティブな話をするために、わざわざほめたと思われてしまいます。せっかくのよい話が信憑性を失ってしまうのです。

　「よい話をしてから、子どもの気になる様子を伝える」方法が有効なのは、ふだんから小さなことも保護者と共有している保育者に限るのです。

　では、どうしたらよいでしょうか。発達凸凹キッズの苦手なことやサポートが必要なことを保護者に伝えつつ、保護者との関係を悪化させないためには、「苦手なことに加え、サポートしたことと、その結果できたことを伝える」とよいでしょう。そして、話は必ず、子どもができたこと、がんばったことで終わらせるのがポイントです。

たとえば、パニックになってものを投げてしまう子どもの場合、「よくないことしか伝えられない…」と思うかもしれません。しかし、少しでもきらりと光る点を見つけたり、子どもの思いを言語化したりすることが、保育者の専門性であり、腕の見せどころではないでしょうか。「はるくんは、こうしたい！　という完成形のイメージがあるみたいです。だから、途中で思いどおりにいかないことがあると、混乱してものを投げてしまうことがあります。今日は、混乱しそうだな…というタイミングで人やものから少し距離を置いてもらいました。すると、人を叩いたり、ものを投げたりせずに過ごせました。そして、落ち着いたら自分で集団に戻ってこられました！　がんばったと思いませんか？」などと、伝えてみましょう。もちろん、子どものよい点を見つけて言語化するためには、保育のなかで、さまざまなサポート方法を試す必要があります。

　この方法を繰り返していくと、保護者は「うちの子どもは、何かしらのサポートがあったほうがよいのかもしれない」と薄々気がついてきます。すると、保護者のほうから家庭でのサポート方法を保育者に聞いてきたり、療育や就学相談など必要なサポートの情報を求めてくることもあります。

| 保護者対応の コツ | ①苦手なこと→②サポートしたこと→③できたことの順に伝える！ |

4 保護者対応③ 「発達の遅れ」と言わずに、子どもの様子を具体的に伝える

Good! 「Good！」なサポート

Good! なポイント

保護者に子どもの様子を伝える時に、「発達の遅れ」という表現や障害名にはふれずに、降園時に園でのはるくんの様子を伝えました。保護者は、子どもの発達の凸凹に気づいていない可能性もありますが、あえて「発達の遅れ」と言われなくても、集団のなかでさまざまな配慮をしてもらっていることに気づくことができます。

　保育者は、同じ年齢の子どもを複数見ているため、発達の違いに気づきやすく、発達凸凹キッズの「第一発見者」になることが少なくありません。そして、保育者は子どものために何かしたいと思う気持ちが強いため、何とか保護者の気づきを促したい、診断や療育などにつなげたいという思いがあります。

　しかし、どれだけ子どものためを思った行動であっても、「発達の遅れ」や「障害」について、いきなり保護者に伝えることは避けてください。自分の子どもに発達の凸凹があると気づいている保護者であっても、簡単に受け入れられる話ではありません。子どもの発達の凸凹に気づいていない保護者であれば、その衝撃は計り知れません。

　保護者に子どもの発達の遅れや障害について伝える役目は、保育者が担わないほうがよいと思います。園は、保護者が毎日通う場所であり、「行きたくない場所」になってしまっても避けることがむずかしいためです。発達の遅れや障害についての話は、医療機関の医師など、専門性が高く、保護者が避けたいと思えば避けることができる相手から伝えるほうが、保護者にとっては負担が少ないといえます。

　保育者は、保護者にとっての「敵」になってはいけません。発達凸凹キッズを園と家庭の両方から支えていくためには、両者の協力関係が必須だからです。

　具体的には、日々の子どもの様子を、①苦手なこと→②サポートしたこと→③できたことの順で保護者に伝えていきましょう。子どもの発達の凸凹に気がついていない保護者も、「サポートが必要な子どもなのかもしれない」と気づきを得るきっかけになります。

保育参観や行事の際に、子どもをサポートするタイミングをあえて少し遅らせることで、子どもの発達の凸凹に保護者が気づくきっかけをつくることもできます。この時、保護者の同意を得て、主任や園長などが、担任のサポートや子どもの様子について保護者に解説しながら見学してもらうとよいでしょう。保育参観では、完璧な保育を見せたいと欲が出ますが、子どもの未来にとって意味のある機会にしていきたいものです。

個別のサポートがあると
スムーズに動けそうですね

　療育機関などにつなげるためには、日々の保育の様子を聞いて、保護者自身が「サポートがあるほうがよいのではないか」と思えることが重要です。そして、「○○ちゃんは、大人が対応方法を理解してサポートすればできることが増えますよね。子どもの力をより正確に理解して、よりよい対応方法を見つけるために、療育など専門家に頼る方法もあります」などと療育先を紹介すると、保護者も受け入れやすくなることが多いです。

保育者対応の
コツ

発達の遅れや障害名にはふれずに、
保護者が子どもの状態に気づけるように促す。

原因を家庭に求めるのではなく、保育でできることに専念する

Good! 「Good！」なサポート

Good! なポイント

　保育者は、子どもの落ち着きのなさと、家庭の状況には多少なりとも因果関係があることは知っています。しかし、家庭の状況は、あくまで保育者の想像であり、正確にとらえることはできません。そこで、まずは保育のなかで子どもが落ち着かない原因を考え、保育のなかでできることをやっていく方向に切り替えました。

　保育者は、子どもと一緒に過ごす時間が長く、保護者と同様に子どものことを大切に思っている人が多いです。そのため、家庭生活が混乱している状況では、「子どもの行動の原因は、家庭にあるのではないか」といった発想に陥りがちです。

　その結果、「お母さんも子どもと一緒に、早く寝なきゃだめですよ」と指導的になったり、「ご夫婦は仲よくしていますか？」と、家庭の状況に踏み込んだ質問をしたりすることがあります。内情を詳しく知らない人に、指導されたり、詮索されたりするのは、誰にとっても気分のよいものではありません。保育者は、常に「子ども」というフィルターを通して保護者を見ているため、実際に保護者がどのような生活をしているのか、どのような思いで子どもを育てているのかについては、「わからない」という事実を忘れないようにしましょう。

　もちろん、虐待を防ぐためにも、保護者や子どもの様子を注意深く観察し、想像する姿勢は必要です。また、家庭の状況が子どもに影響を与えることは紛れもない事実です。それらをふまえたうえで、子ども自身がもって生まれた特徴や、園という環境と子どもとの相互作用のなかで生じる行動もあるという理解をしていくことが大切です。

　園における気になる様子は、基本的には園のなかでサポートしていきます。多くの子どもは、たとえば0歳から入園していれば、着替えや食事などの生活動作は、3歳児クラスまでにはほぼ身につきます。もし、身につきにくい動作があれば、家庭環境のせいにしてしまう前に、子どもの発達を見立て直し、園でのサポート方法を工夫していく必要があります。

また、園の環境のなかで原因となっているものはないかを考えます。たとえば、落ち着きがない場合は、活動を十分に理解していないことや刺激の影響の受けやすさ、同じ姿勢を保つむずかしさなど、さまざまな理由が考えられます。

　保育者だからこそ、保護者の様子が気になることもあると思います。しかし、気になったことをすべて保護者に伝えても、保護者との関係は悪化するばかりです。もしも指摘したり、家庭の事情に踏み込みそうになった時には、「事情はよくわからないけれど、これが保護者なりのベストなのかもしれない」という視点で保護者をとらえてみましょう。そのようにとらえることで、保護者の行き場のない気持ちを、少しは受け止めることができるかもしれません。

保護者対応の
コツ

家庭環境のせいにする前に、園でできることを見直そう！

安易に「気になる様子はない」と言わない

Good! 「Good！」なサポート

Good! なポイント

　気になることを保育者に相談してくる保護者は、子どもの発達の凸凹に気づいている可能性があります。保護者の心配ごとに対して、保育者は、"いまの対応や環境では"という前提を共有したうえで、気になる様子はないと伝えました。発達凸凹キッズは、環境の変化が苦手なため、担当する保育者が変わったり、環境が変わったりすれば、どのような変化があるかわからないためです。安易に「気になる様子はない」と伝えるよりも、保護者の心配に寄り添った対応といえます。

　保護者が家庭や習いごとなどでの子どもの様子が気になり、保育者に相談してくることがあります。その際、「保護者を安心させたい」「子どもの様子を説明する自信がない」といった理由で、「気になる様子はありません」と伝えていないでしょうか。

　この言葉を聞いて安心する保護者もいますが、なかには「保育者は本当に子どもの様子を見てくれているのだろうか…」と不審に思う保護者もいます。

　発達凸凹キッズは、環境や年齢によって、特徴の目立ち方に差があります。慣れた環境やわかりやすく指示を出してくれる大人がいる環境では、その特徴が目立ちにくくなるのです。一方で、担任やクラスが変わる、転園する、就学する、といった環境の変化により、それまで見えにくくなっていた特徴が目立ってくることがあります。

　「気になる様子はありません」という保育者の言葉をそのまま受け止めた保護者は、就学後の大きな環境の変化により、発達凸凹キッズの特徴が目立つようになると、「園の先生は"気になる様子はない"と言ったのに、どうして？」と驚きます。さらに「いまできないことがあるのは、やる気がないせいだ」「新しい先生が悪いのではないか」と思い込み、新しい場所でのサポートや関係づくりに支障をきたすこともあります。

　保護者が気にしているほど、園での子どもの様子が気にならない場合は、「いまの環境では気にならない」というように、条件つきであることをしっかり伝えましょう。集団の規模、環境への慣れ、活動の内容、対応する保育者と子どもの関係性などによっては、気になる姿が見られる可能性があることを保護者に理解してもらえるとよいでしょう。「園でもあらためて見直してみます。今後、気になることがあれば報告します」と伝えると、保護者は安心できます。

保護者が子どもの発達について相談をしてきた背景には、保護者の不安な気持ちがあります。本当に「気になる様子はまったくない」と保育者が思っていたとしても、「園では気になる様子はありません」のひと言で済ませずに、なぜ保護者が不安に思っているのかを確認しましょう。保護者の話をていねいに聞くことで、家庭では愛着がうまく形成されていなかったり、子育てに自信や余裕がないなど、保護者自身がサポートを必要としている状態が明らかになることもあります。

　園としても、保護者からの相談は、子どもの見立てをあらためて確認する、よいチャンスです。担任以外の保育者がかかわったり、意図的にサポートの量を減らしたりと、環境を変化させて子どもの様子を確認します。進級時や就学時の参考になるはずです。

保護者対応の
コツ

「園では気になる様子はありません」と伝える時は、"いまの環境では"と条件をつける。

発達検査の結果から保育に取り入れられることを考える

Good! 「Good！」なサポート

Good! なポイント

　保護者から療育の情報が提供された時に、保育に取り入れられることがあるかもしれないと考えた柔軟な姿勢が「Good！」です。さらに、療育を利用している場合は、保護者が子どもの発達の凸凹に気づいていることが多いため、療育でどのようなことが行われているかをふまえ、療育先と共有したい情報も明確に伝えています。

こんな対応していませんか？　**ざんねん…°(^^)**

● 療育や発達検査などの情報を「保育とは関係ない」と思い込んでいる

　療育に通っていたり、発達検査を受けたりしている子どもの場合、保護者がそれらの情報を園と共有してくれることがあります。この時に「保育と療育は違うものだから、保育のなかで療育的な視点をもつ必要はない」と考える保育者は、保護者からの情報の受け取りを拒んだり、受け取っても活用しないことがあります。これは、療育や発達検査がどのようなものか、どのような点で園生活に活かされるのかを知らないことが原因です。

　一般的に、療育は小集団や1対1の環境で行われることが多いです。子どもがどのような療育に通っているかの確認は必要ですが、基本的には、園とは異なる環境で、より個別性に配慮した練習をします。集団ではうまく行動できない子どもも、療育のように規模が小さく、個別のサポートがある環境では、スムーズに動けることもあります。療育先での様子を知ることで、環境の変化を受けやすい子どもかどうかを確認することができます。

　発達検査は、基本的には子どもが慣れていない環境で行われることが多いです。そのため、はじめての状況や相手に対して、子どもがどのような行動をするのかを知ることができます。緊張して課題に応じられない子どももいれば、どう対応したらよいかがわからずふざける子どももいます。反対に、はじめての環境のほうがむしろ集中して取り組める子どももいます。発達検査の結果はもちろんのこと、検査時の姿を知ることで、子どもの新たな一面が見えてくることもあるでしょう。

　また、療育や発達検査には、子どもの発達に関する専門家が携わっているため、保育者以外の専門職から見た子どもの発達や特性の情報を得ることができます。

子どもが療育に通っている場合は、いつ通っているのか、どこに通っているのか、また目的や内容、担当者の専門（心理士、理学療法士、言語聴覚士など）について確認できるとよいでしょう。たとえば、「身体の発達を促すために個別療育に通い、理学療法士と体幹を鍛える練習をしている」という情報を得ることで、園での身体を使う活動の様子を保護者に伝えたり、保育のなかでできる運動遊びのアドバイスを専門家からもらうきっかけになったりします。基本的には、保護者を介して療育先と園の情報を共有しますが、時には保護者の了解を得たうえで療育先と直接、連絡をとること、療育先に出向いて情報交換をすることもあります。

　検査には、発達検査や知能検査、運動や言葉の検査などさまざまなものがあります。保護者から検査結果を伝えられた時には、結果の数値だけで判断しないよう注意が必要です。検査で得られるIQ（知能指数）[1]やDQ（発達指数）[2]の数値だけでは、子どもの特徴を知るには不十分です。IQが平均値かそれ以上でも、集団生活になじめずに苦労する子どももいます。

　検査結果では、必ず「検査時の様子」の欄を確認しましょう。慣れている場面と検査のような慣れない場面で違いがあるのか、集団と個別では違いがあるのかがわかります。また、「専門家が見立てた発達と対応」の記述から、園での生活に活かせることを考えましょう。たとえば、生活年齢は4歳の子どもが、言語発達は2歳レベルであると書かれていれば、4歳児に対して行う声かけだけでは行動できないので、2歳児への対応と同様に、見てわかるものを使って、短い言葉で説明するとよいでしょう。

保護者対応の
コツ

療育先や発達検査の情報は積極的に伝えてもらい、園での活動や対応のヒントを得る！

＊1　知能検査ではかられる、知能の1つの側面を示す数値のこと。
＊2　発達検査ではかられる、日常生活や対人関係などの発達の基準を示す数値のこと。

保護者から相談を受けた時に役立つ情報

■ 保護者への情報提供

　保育者は、保護者を専門機関や療育に必ずつなげなければならない、というわけではありません。しかし、専門機関につながり、子どもの特徴をより正確に把握できたほうが、子育てをしやすくなる、よりよいサポートができると感じた場合には、保護者に情報を提供しましょう。保護者のほうから専門機関につながる方法を尋ねてきた場合も同様です。

■ 相談できる場の情報提供

　子どもの発達や育児の悩みがある保護者には、相談先を案内しましょう。地域の実情を把握していて、保護者の悩みや状態に応じて、具体的な段取りを教えてくれる場所としては、たとえば以下のような機関があります。まずは、以下のような一次相談先を案内するのがよいと思います。

- 子どものかかりつけの小児科
- 保健センター
- 児童発達支援センター（子ども発達支援センター）※
- 市区町村の児童福祉課窓口

※ 児童発達支援事業所とは異なるので注意が必要

■ 子どもの発達をサポートする場の情報提供

　園以外で、子どもの発達をサポートしてくれる場として「療育」があります。療育では、発達に凸凹がある子どもやその可能性がある子どもが、それぞれの発達状況や特性に応じたサポートを受け、生活の困りごとを和らげ、成長していくためのサポートを行います。

● 療育を開始するには

　療育を始めるきっかけとしては、乳幼児健康診査の際に療育施設を紹介されることが多いです。それ以外の場合は、保護者が「一次相談先」に相談し、療育施設につながることもあります。療育を開始するにあたっては、医師の診療を受けたり、医師の意見書を発行してもらったりする必要があります。

● 診断名の有無

　療育を受ける時に、診断名は必須ではありません。診断名がついて療育に通っている子どももいれば、診断名がなくても発達に心配があることで通っている子どももいます。

● 療育で行われていること

　療育施設では、生活体験や設定遊びを通して、自立した行動や社会生活に必要な力を身につけていくための練習が行われます。専門スタッフと子どもが１対１で行う個別療育や、年齢が近い子どもと少人数で取り組む集団療育、親子で参加する親子療育もあります。１〜２週間に１回、１〜２時間程度行われるところが多いようです。

● 療育施設の専門職

　療育施設には、保育士、医師、理学療法士、作業療法士、言語聴覚士、心理士など、さまざまな専門家がいます。療育先によって配置されている専門家は異なります。園と療育での情報交換は療育施設の保育士を通して行うこともあります。

■ 園での生活をサポートするための情報提供

　療育施設のほかにも、園での生活をサポートするための制度やシステムがあります。保護者が園での様子を心配している場合に情報提供したり、保護者から制度について質問されたりすることもあるので、保育者は知っておくとよいでしょう。

● 加配制度

　加配とは、園で障害のある子どもを受け入れる場合、その子どもが園生活になじめるように、通常の職員配置に加えて、生活をサポートするための保育者を配置することをいいます。一般的に、加配制度は保護者からの申請によって行われます。保護者が主治医の診断書や必要書類を市区町村に提出し、申請が受理されると市区町村が園に受け入れを促すという流れです。また、障害のある子どもの入園後に、園から保護者に対して加配を提案し、手続きを進めていくこともあります。この時も同様に、保護者が診断書や必要書類を準備する必要があります。申請方法や加配の基準は市区町村により異なるため、詳しくは市区町村の窓口に問い合わせてください。

● 保育所等訪問支援事業

　保護者が園外の機関に申請することで、保育所等訪問支援事業所の専門家が園を訪問する制度です。専門家は、園に通う子どもが集団生活に適応できるよう、子ども本人の指導や保育者へのサポートの指導を行います。

● 巡回相談

　自治体が契約している専門家が園を巡回し、保育者が気になっている子どもについて相談する制度です。基本的に、園と専門家の間で相談が行われるため、保護者に情報が伝わることはありませんが、巡回相談で得た情報を、保護者対応や面談時に役立てている園もあります。

▶▶▶就学についての情報提供は、第4章参照

　保護者が学校や保育所等の先生の場合は、「自分の子どもの発達の凸凹について理解があるだろう」と思いがちです。しかし、仕事柄、理解はしていても、自分の子どもを客観的に見ることはむずかしいものです。また、発達の凸凹や障害という言葉は、人によって抱くイメージが異なることもあります。仕事柄、理解のある保護者であっても、基本的にはほかの保護者と同様に対応しましょう。

石川先生の発達凸凹エピソード

保育者の印象が「支援者のイメージ」を左右する

　大学進学が決まり、4月から遠方での一人暮らしを始めるCさんが、お母さんと一緒に最後の診察に来てくれました。振り返ってみるとCさんは、小学校から高校まで順調に過ごし、深刻な相談をした記憶がありませんでした。

　何か特別に気を配ってきたことがあったのかと聞いたところ、Cさんのお母さんは、「最初に出会った保育園の○○先生がとてもいい先生で…」と話し始めました。Cさんも「そうそう、もも組さんの○○先生、いい先生だった…」と横から口をはさみ、親子の思いが一致しました。お母さんは、「その後もずっとよい先生に恵まれました」と話してくれました。

　正直なところ、13年以上ずっとよい先生に恵まれることはあり得ないと思います。つまり最初に出会った保育所の先生がCさん親子の不安を受け止めて、協力し合うサポートを体験させてくれたので、その後の先生たちともよい関係を築くことができたのだと思います。多くの保護者にとって、保育者は、発達凸凹キッズを通じて出会う最初の支援者です。その出会いが、子どもを安心して外の世界に送り出す「成功体験」になるといいですね。

幼児期のがんばりを
就学後の生活に
つなげる工夫

　発達凸凹キッズは、適切なサポートを受けられるとぐっと伸びていきます。入園時の様子に比べて、まるで別人のように成長した姿を見ると「学校での特別なサポートは受けなくてもよいのでは？」と思ってしまうかもしれません。しかし、小学校では、環境が大きく変わることや新しい規則や習慣が増えること、学習の準備（ひらがな・数字への興味、模写するスキル、先生の話を最後まで聞くことなど）が不十分な場合は学習が進みにくいことなどをふまえて、送り出す側の園だからこそできるサポートをしていきたいものです。

　就学の相談は、基本的には保護者が主体となって行うものとされています。しかし、保護者にとって学校の先生と話すことは、とてもハードルが高いようで、実際に就学時健康診断の前に学校と相談する保護者はごく一部です。その結果、相談のタイミングを逃してしまい、さらに、就学時健康診断で特に指摘されないまま入学して、新学期がスタートしてからさまざまな壁にぶつかるという子どもは少なくありません。

　また、相談に行った保護者からは、「集団での子どもの様子をうまく説明できなかった」という声を聞くことが多く、適切なタイミングで園の先生から学校に情報提供できる体制が整備されるといいなと感じます。

　環境の変化に適応することが苦手な子どもには、就学後も安心して暮らせる環境をつくっていくことがサポートの基本であり、そのためには園と学校の情報共有と学校生活を想定した練習が大切です。本章では、園での子どものがんばりを就学後の生活につなげるために必要な情報と具体的な方法を解説します。

1 発達凸凹キッズにとっての就学

■ 就学でつまずく子どもが多い理由

　発達凸凹キッズは、園での集団生活を通して、モデルを見て動くことや「やらなければいけないこと」と「やりたいこと」との折り合いをつけること、人の多様性に慣れることなど、社会生活を送るうえで必要なさまざまなことを学んでいます。したがって、年長時には、ほとんど困りごとがないように見える子どももいます。

　乳幼児期の集団生活でがんばった結果として困りごとがなくなった場合は、就学後も問題なく過ごせるだろうと考えがちですが、多くの場合、そうはいきません。発達凸凹キッズの多くは、新しい環境に適応することが苦手なため、新しい環境での行動の仕方をつかむのに時間がかかったり、不安や緊張でうまく力が発揮できなかったりするためです。さらに、発達凸凹キッズの特徴から、「学校が楽しく感じられないこと」が多いという状況もあります（表）。このような状況のなかで、新しい先生や友だちに特徴を理解してもらい、「Good！」なサポートを受けられるようになるには、膨大な時間がかかります。

表　発達凸凹キッズが学校を楽しく感じられない理由（例）

- 長い時間、いすに座っていることが苦手
- 全体への指示を聞き逃してしまう
- 文字をたくさん書くことが苦手
- 運動が得意ではない
- 衝動的に動いてミスをすることが多い
- 行動のテンポが遅れがち
- 偏食がある場合は、給食が苦痛
  （食べられないものがある、時間がかかり過ぎる、周りから非難されるなど）
- がんばっても周囲から評価されにくい

■ 学校生活を想定した練習をする

　保育者は「就学後のことは心配だけれど、サポートはしてあげられない…」と思っているかもしれません。しかし、保育者が、発達凸凹キッズが就学後につまずきやすいポイントを理解し、就学前に学校生活を想定した練習をすると、発達凸凹キッズが大きくつまずいて学校が嫌いになってしまうことを防ぐことができます。

　学校生活を想定した練習を行うためには、保育者は、子どもがそれぞれどのような場所に就学するのかを知る必要があります。就学する学校や学級によって、子どもに求められるスキルが異なるためです。つまり、就学先に応じて、事前練習で「ここまでできる必要がある」という目標が変わってきます。

　たとえば、地域の小学校の通常の学級に就学する場合は、トイレや着替え、食事などの生活動作の自立が前提になります。基本的には先生からの生活動作のサポートは受けられないので、生活動作が自立していないまま就学すると子どもが困ることになります。

　年長時には、一人ひとりの子どもの就学先を確認し、予定の就学先で困ることなく過ごせるかどうかを検討しておく必要があります。

■ 就学先を確認して、就学後の生活を想像する

　就学先には、大きく2種類の学校があります。

● 地域の学校

①通常の学級（普通級）

　教育課程で準備されたカリキュラムに沿って授業を受ける学級です。生活動作は自立していることが前提になります。

②通級指導教室（通級）

　ほとんどの授業は通常の学級で受けながら、週に数時間、言葉や情緒の面など、それぞれのニーズに応じた指導を受けます。通学中の学校に通級がない場合は、他校に通うこともあります。生活動作は自立していることが前提になります。

③特別支援学級

　通常の学級とは独立した、少人数制で、それぞれの発達に合わせた授業を受ける学級です。学級の構成メンバーや学校の特色により、授業内容や雰囲気に幅があるため、保護者は就学前に見学するとよいでしょう。すべての学校に設置されているわけではないので、学区外の学校に通うこともあります。生活動作にサポートが必要であれば、練習することができます。

　②③では、「特別支援教育コーディネーター」が就学前の保護者の窓口になります。

● 特別支援学校

　地域の一般校とは独立した学校で、視覚障害・聴覚障害・知的障害・肢体不自由などの障害別に効果的な教育を受ける学校です。専門性の高い教員が、少人数の教室を受けもちます。生活動作の自立に向けたサポートを受けることができます。

図　地域の学校と特別支援学校のイメージ

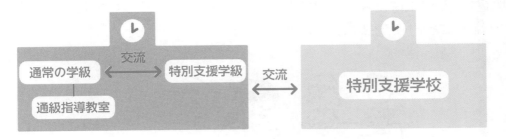

　就学先が通常の学級（通級を含む）の場合は、発達凸凹キッズがつまずきやすいポイントを理解し、就学後の生活を想定した事前練習を始めていきます。

■ 通常の学級での
　つまずきポイント①：45分間いすに座っていること

　園の活動ではあまりないと思いますが、小学校では、45分間いすに座って授業を受けることになります。発達凸凹キッズは、同じ姿勢を保つことや、動きたい気持ちをがまんして座っていることが苦手なので、多くの子どもがこの点でつまずきます。

● 園でできる事前練習

　園の生活のなかで、子どもが楽しいと感じる活動を座って行う練習をします。たとえば、絵本の読み聞かせをいすに座って行うなどです。45分間はむずかしいかもしれませんが、ある程度の時間、座って行う活動を取り入れるとよいでしょう。ただし、姿勢が崩れたり、立ち歩いたりするたびに指摘はせず、苦手なのに座って作業していることや、1分でも長く座ろうと努力したことをしっかり認めて、ほめることが大切です。発達凸凹キッズは、努力を認めてもらえることで、少しずつ「座っていることはよいことだ」と認識できるようになります。

がんばって
座っているね

■ 通常の学級での
つまずきポイント②：文字の読み書き

　小学校の学習指導要領では、1年生でひらがな・カタカナの読み書きを習うことになっています。しかし、実際には、ほとんどの子どもは、読み書きができる状態で入学してくるため、身についていない子どもは学習に遅れをとりやすくなります。発達凸凹キッズのなかでも、文字に関心を抱くタイミングが遅い子どもは、学校に入った途端に壁にぶつかり、あっという間に周りとの差が開いてしまいます。

　また、発達凸凹キッズは、文字を書くことが苦手な場合が多いです。幼児期から道具の使用が苦手だった子どもは、鉛筆のもち方も特徴的で、書字動作はとても疲れやすくなります。また、文字を大きく、いくつか書くことはできても、小さい文字を大量に書くとなると、苦手さが際立ってくることがあります。その苦手さは、連絡帳やノートをとらない（とれない）、宿題が苦痛で仕方がない、ということにもつながっていきます。

● 園でできる事前練習

　幼児期から、文字に関心がもてるような活動を少しずつ取り入れていきましょう。ただし、「読むこと」と「書くこと」では必要なスキルが異なるため、同時に進めることは適切ではありません。まずは文字を読むことに関心がもてるようにサポートしていきます。「書くこと」に挑戦する時は、文字からではなく、子どもの好きなものを書く（描く）練習からスタートします。書字の苦手さは、書く練習を重ねることでしか克服できないため、好きなものを書くことを通して、書く動作を行う機会を確保していきます。

　また、筆記用具や紙の種類によって書きやすさが変わるので、いろいろな種類の筆記用具（鉛筆、クレヨン、マジックペンなど）や紙を試し、使いやすいものから練習するとよいでしょう。

第4章

幼児期のがんばりを就学後の生活につなげる工夫

■ 通常の学級での
　つまずきポイント③：生活動作

　通常の学級に就学する際は、トイレや着替えなどの生活動作が自立していることが前提となります。

　発達凸凹キッズのなかには、園では自立しているように見えていても、就学後に思わぬことでつまずく場合があります。たとえば、トイレについて、園では部屋とトイレは比較的近い場所にありますが、学校ではかなり距離があります。また、園では活動の途中にトイレに行っても支障は少ないですが、学校では授業を頻繁に抜けると学習に支障が出てきます。さらに、園のトイレは洋式が中心ですが、学校は和式や立って使用するトイレが多いなど、使い慣れない様式のこともあります。これらの違いにより、就学後に急におもらしをするようになったり、トイレに行くタイミングがわからなくなったりといったトラブルが生じることがあります。

　着替えは、園では床に座って衣類を広げて着替えることが多いですが、学校では、立ったまま、自分の机の後ろのスペースで着替えます。身体の使い方が苦手な子どもや、新しいやり方で混乱する子どもにとっては、つまずくきっかけになります。

● 園でできる事前練習

　特に年長では、できるだけ就学後の生活を想定した練習をしていきましょう。いつもギリギリのタイミングでトイレに行く子どもは、余裕をもってトイレに行けるように声をかけます。トイレに行くタイミングをつかみにくい子どもについては、就学後しばらくは、担任の先生に休み時間のたびに声をかけてもらえるよう、引き継いでおくとよいでしょう。就学先の学校のトイレの様式を確認して、外出時に練習することも効果的です。

　着替えは、狭いスペースで、立ったまま着替える練習、机の上で持ち物を管理する練習などをしておきましょう。動作に時間がかかり過ぎる場合は、教室移動に間に合わない可能性もあります。私服で通う場合は、脱ぎ着しやすい洋服を保護者と一緒に考えておくとよいでしょう。

■ 通常の学級での
つまずきポイント④：登下校のスタイル

　園では、保護者が送り迎えをします。家庭によって、徒歩・自転車・車・バスなど、移動手段はさまざまです。しかし、小学校では、基本的には歩いて登校することになります。長い距離を歩くことが苦手な子どもにとっては、朝から大変な苦労をすることになり、その疲れが授業の集中力にも影響します。また、重いランドセルを背負って登下校をすることになるため、歩くことへの負担はさらに大きくなります。

● 園でできる事前練習

　歩くための身体づくりが不十分な子どもは、園での散歩の時に座り込んで休憩したり、疲れて集中力が続かず、気になるものがあるとフラフラと近づいていったりします。散歩でこのような状態が続く場合は、就学後の登下校でつまずくことが予測されます。

　保育者は、散歩での様子を保護者に伝えて、登下校について心配があることを共有しましょう。さらに、保護者に依頼して、自宅から小学校までの通学路を一緒に歩き、歩き通せるか、危険な場所はないかなどを確認してもらいます。子どもの荷物の重さを少しずつ増やしながら練習していけるとより実践的です。

　学校によっては分団登校になります。分団登校は一人で登校する場合に比べて、周りのペースに合わせて歩いたり、待ち合わせ場所でほかの人を待ったりと、社会的なスキルも求められます。したがって、ここでつまずく子どももいます。よく考えると、他者と一緒に目的地に向かうスキルは、その後の生活においてもそれほど重要ではありません。したがって、子どもの負担が大きい場合は、保護者と一緒に登校したり、一人で登校するなど、登校スタイルを選んでもよいことを保護者に伝えておきましょう。

■ 通常の学級での
つまずきポイント⑤：全体への指示を理解すること

　園では、子ども同士が机に向かい合わせで座ることが多いです。そのため、たとえ保育者からの指示を理解できなくても、周りの子どもの動きを見てまねをすれば、何とか行動することができます。ところが、小学校では全員が黒板に向かって前向きに座るため、周りの子どもの動きがわかりづらくなります。言葉の指示では理解しづらく、周りを見て理解していた子どもは、ここでつまずく可能性があります。

　さらに、園では一つひとつの行動の前に保育者が指示を出しますが、小学校では授業の時にはその科目の教科書を机の上に出す、チャイムが鳴る前に次の教室に移動するなど、指示がなくても自分で行動することが求められます。一つひとつの行動について指示がないと動けないタイプの子どもは、就学後の環境変化にとまどってしまうでしょう。

● 園でできる事前練習

　小学校では、大事な情報は黒板に書かれます。そこで、ある程度文字が読めるようになる年長の後半ごろから、ホワイトボードに、活動の内容や使うもの、順序などを書き、それを見て行動する練習をしていきます。指示を聞いてわからない時や、途中で何をするのかわからなくなった時は、ボードを見て確認するよう伝えます。

　また、どのような指示であれば動くことができる子どもなのかを確認し、学校に引き継ぐことも重要です。周りを見て動く子どもや、一つひとつの行動に指示が必要な子どもは、就学後も全体への指示だけでは行動できないことが想定されます。学校の先生に個別のかかわりをお願いしなければなりません。

■ 通常の学級での
つまずきポイント⑥：対人トラブル

　園では、子ども同士のトラブルがあっても、そばにいる保育者が間に入り問題解決をサポートすることができます。一方で、小学校では、休み時間は基本的に先生の目がないので、トラブルが起こっても子どもだけで解決しなければなりません。

　発達凸凹キッズは、言葉でのやりとりや気持ちのコントロールが上手にできないことがあり、トラブルの当事者になりやすいといえます。また自分の力でトラブルを解決することがむずかしいということもあります。先生にうまく状況を説明できないため、順序立てて詳細を説明できる子どもに比べて、不利な立場になりやすいということもあります。時には、パニックになって手が出てしまうなど、望まない事態に発展することもあります。

● 園でできる事前練習

　発達凸凹キッズが、他児とのかかわりのなかで思い描いたとおりの展開にならずパニックになる…ということは少なからずあります。通常は、パニックになる前に保育者が介入するとよいでしょう。しかし、常に保育者にトラブルを防いでもらっていると、就学後の大人がいない環境で対応しきれなくなってしまうことにもなります。

　そこで、就学前には、あえてトラブルを防ぐことはせずに見守り、トラブルが起こった時に、発達凸凹キッズがうまく気持ちをおさめられるようサポートする機会をもちます。その際「○○が嫌だったのね」など、共感しながら客観的に見た子どもの気持ちを伝えます。その結果、発達凸凹キッズは、自分に寄り添ってくれる大人の存在に気づくだけでなく、自分の気持ちを客観視することで冷静になることができます。

　また、子どもが落ち着くために、どのような対応をしたらよいのか、たとえば、相手の子どもと離れたほうがよいのか、静かで刺激の少ない環境に移動するとよいのか、水を飲むとよいのかなど、子どもの気持ちが落ち着くまでに、大人ができる対応を知り、学校と共有しておくことも大切です。

3 就学をサポートする仕組み

■ 就学相談とは

　就学相談は、保護者が学級の選択を迷っている場合や、就学後の生活に不安がある場合に、専門家に相談できる機会です。とてもよい機会ではあるのですが、就学相談の案内が保護者に届くわけではなく、保護者が市区町村の窓口に直接問い合わせて申し込む必要があります。就学相談の存在を知らずに時期が過ぎてしまうことのないよう、保育者から保護者に情報提供することも必要です。また、就学について不安を感じていない保護者に対しても、集団生活で気になる様子があれば、就学相談について園から案内することもあります。

　インターネットで「市区町村名　就学相談」と検索すると、担当窓口の情報を得ることができます。

■ 就学相談について知らせる時期

　就学相談の申し込みは、一般的には年長の春先から開始されるので、就学に不安を抱いている保護者には、年中の終わりから年長の始まりの時期には情報を提供しましょう。一方で、保護者が子どもの発達の凸凹を受け入れられない、または気づいていない場合は、いきなり就学相談の話をすると、保護者との関係が悪化するリスクがあります。したがって、保育者が子どもの発達の凸凹に気づいた時から、保護者に子どもの様子を伝えていくことが大切なのです。保護者との関係性ができ、子どもの状態について共有できていると、就学相談についても情報提供しやすくなるでしょう。

　また、就学相談の対象かどうかにかかわらず、すべての保護者に就学相談について案内する方法もあります。就学相談に対するハードルを低くするだけでなく、就学に迷いがある保護者の背中を押すきっかけになるかもしれません。いずれにしても、保護者の情報収集や心の準備の時間を考慮し、保育者は早めに動くとよいでしょう。

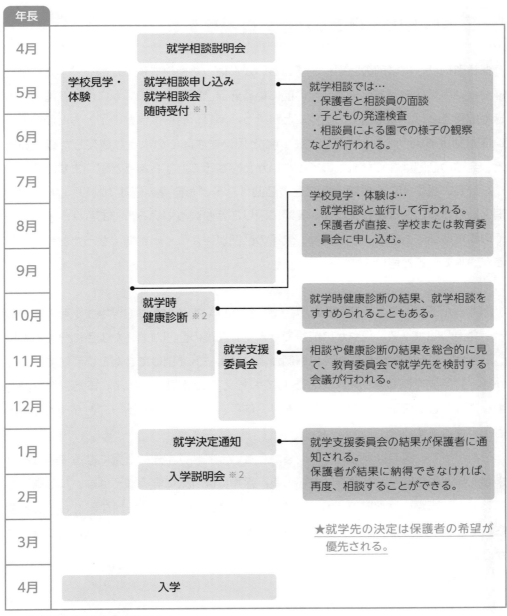

第4章

幼児期のがんばりを就学後の生活につなげる工夫

幼児期のがんばりを就学後の生活につなげる

■ 環境の変化を想定した情報提供をする

　保育者には、就学前の時期に、子どものがんばった点や成長した点を就学先に引き継ぐという大仕事があります。目の前にいる発達凸凹キッズのなかには、在園中に大きな成長をとげ、園生活での困りごとがぐっと減り、時にはほかの子どもと変わらないほど動けるようになった子どももいると思います。そのような成長した姿を見ると、発達の凸凹はなくなったのではないかと感じることすらあると思います。

　しかし、基本的に一度疑った発達の凸凹は、子ども自身の個性であり、治ったり、消えたりすることはありません。実際に困りごとが減っているのであれば、子どもがその環境にいても困ることが減り、発達の凸凹が見えにくい状態になったと考えるほうが適していると思います。

　保育者が子どもをよく理解したうえで、わかりやすい声かけや環境設定をしていると、発達凸凹キッズは穏やかに成長できます。発達の凸凹が消えたように見えるということは、子どもの成長に加え、園側がよいサポートを続けてきたという証です。しかし、就学先で同じようにサポートしてもらえるとは限りません。また、発達凸凹キッズは新しい環境が苦手なこともあり、年長時にはなかった困りごとが現れることも想定されます。

　したがって、園では落ち着いているからといって、就学先に「気になる様子はありません」と引き継ぐことは避けましょう。書類には「気になる様子はない」と書いてあるのに、実際には教室で暴れてしまっている状況を見て、「乱暴な子ども」と誤解されてしまうかもしれません。園からは、就学先での環境の変化を見越した情報提供が必要です。

■ 発達凸凹キッズと「要録」

　要録は、園での子どもの成長や様子について記入したもので、入学初期の適切な指導に役立てるための書類です。保育者は、発達の凸凹の有無にかかわらず、就学を控えた全児童について要録を作成し、就学先に渡すことが義務づけられています。

　一般的に要録は、**保育の５領域**[*1]や**「幼児期の終わりまでに育ってほしい姿」（10の姿）**[*2]をふまえて書くことが推奨されています。しかし、５領域や10の姿を意識しすぎると、発達凸凹キッズについては達成できていない姿が目立ち、就学先にネガティブな印象を与えかねません。また、発達に凸凹があるからこそ要録に記載したい「適切なサポートのお願い」に割ける紙面が減ってしまいます。

　そこで、発達凸凹キッズについては、特にサポートが必要な点を漏れなく記載することを心がけます。この時、①ありのままの姿、②その姿の背景として考えられること、③効果のあるサポート方法の順に記載すると、子どもの様子が伝わりやすくなります。たとえば、「友だちとトラブルになった時は、うまく言葉が出ず、固まっていることが多い。頭のなかが真っ白になっていると思われるため、言葉での説明を求めてもむずかしい。本人が落ち着くまで待ってから一緒に振り返ると、自分なりの気持ちを伝えることができる」というように、３つの流れを意識して書いてみましょう。

　要録は、保護者の情報開示請求に応じる原則があるため、保護者との摩擦につながるような内容や表現は避けて書く風潮があると聞きます。しかし、その結果、就学後の適切な指導に役立てるという要録の本来の目的から外れてしまうのでは、意味がありません。要録の本来の目的を達成するためには、やはり保護者との日々の会話のなかで、子どもに対する認識のズレをなくしていくことが鍵になります。また、要録の目的を保護者とも共有することや、「あくまで集団での様子を就学先に引き継ぐ」という点を伝えることが大切です。

＊1　子どもの総合的な心身の発達のために園がめざす目標を５つ（健康・人間関係・環境・言葉・表現）に分けて示したもの。
＊2　就学までに育ってほしい子どもの具体的な姿を示したもの。

■「要録」以外の引き継ぎ方法

　要録だけでは、発達凸凹キッズの引き継ぎが十分に行えないこともあります。そこで、発達凸凹キッズが就学直後から適切なサポートを受けられるよう、要録以外の方法も検討してみましょう。

①学校との連携

　地域差はありますが、ふだんから学校と連携を図ることで、スムーズな引き継ぎができることがあります。たとえば、学校の先生や特別支援教育コーディネーターに、ふだんの園での生活や、運動会や発表会などの行事での様子を見てもらう方法があります。園から学校に、見学に適した時期を知らせるとよいでしょう。実際に子どもの姿を見てもらうことで、学校側も就学後の姿を想像しやすくなります。

　また、園からも卒園児の参観や行事などに参加したり、社会科見学の見学先として園を開放するなど、学校との接点をもっておくと情報共有しやすい関係性が構築できます。もちろん、就学直前の時期に、小学校に要録をもって行く時には、発達凸凹キッズの様子を直接、伝えることも大切です。

発表会で新1年生の様子を見てください "気になる子" もいます

要録にも書きましたが、サポートが必要な子どももいます…

②就学支援シートの活用

　「就学支援シート」は、保護者と保育者（または療育機関のスタッフ）が、子どもの状態やサポートの工夫などを記載し、就学先に渡すものです。要録とは異なり、全児童に対して書くものではありません。保護者が自治体の教育委員会に連絡して用紙を手に入れ、園に記載を依頼するのが一般的な流れです。なかには、園や療育先が書式を用意していることもあります。

　就学支援シートは、必要なサポートの情報が集約された便利なシートです。保護者が知らない場合は、「就学支援シートというものがあります。就学後によりよいサポートをしてもらうために一緒に書きませんか」と、園側から提案してもよいと思います。

表　「就学支援シート」の項目例

- 得意なこと・好きな活動・伸びたこと
- 支援・配慮が必要なこと
  - ＊運動（身体の健康・動き・機能）
  - ＊生活（食事・排泄・着脱）
  - ＊人とのかかわり（集団への参加・意思疎通の方法）
  - ＊行動（性格や行動の特徴）
  - ＊学習（文字や数への興味・関心）
- 支援にあたり配慮すること
  - ＊身体面・健康に関すること
  - ＊大切にしてきた内容や方法
- 他機関・地域とのかかわり　　　など

③保育・指導要録のための発達評価シート（TASP）の活用

● TASPとは？

　2017年に発行されたTASPは、「保育・指導要録のための発達評価シート」という名称のとおり、就学時の情報共有に役立ちます。適正な就学のための資料として、さまざまな機関で実施されている心理検査（新版K式やWISCなど）は、個人の発達レベルや知能水準を測定するものです。一方でTASPは、保育者が日常的な園生活での子どもの姿を評価し、集団のなかで配慮が必要な状態かどうかを判定することを目的としています。学校生活は、通常の学級でも特別支援学校でも、複数児童でクラスを編成するため、集団のなかでの行動の情報がとても重要なのです。

　個人の発達レベルを測定するテストでは、一人でいる時の行動と集団のなかでの行動に差がある発達凸凹キッズの情報が不十分になることもあります。その結果、発達凸凹キッズが、個別に実施するテストで生活年齢相当の能力があると判定されると、集団のなかでうまく指示が聞き取れなかったり、周囲の刺激で気が散ったり、気持ちが乱れたりして課題がうまくできないと、すべて本人の意欲のせいにされてしまうようなことが起こります。

● TASPの内容

　TASPは、標準的な発達では３歳から５歳の間に習得できる７つの領域（落ち着き、注意力、社会性、順応性、コミュニケーション、微細運動、粗大運動）、35項目の行動について、３段階で評価します。解説書では所要時間は一人あたり５〜10分程度となっています。複数の保育者で討議しながら評価するのも特徴の１つです。園内での簡易的な事例検討の機会になり、その子どもに配慮やかかわりの工夫が必要かどうかを共有できます。さらに、就学後の問題がどこに生じやすいかを予測する３つの指標（**内在化**[3]、**外在化**[4]、**学業**[5]）により、学校に配慮してもらいたいことが一目でわかるようになっています。

---

[3] 本人を困らせる情緒・行動の問題が起こる可能性を指す。
[4] 周囲を困らせる情緒・行動の問題が表れる可能性を指す。
[5] 学業不振に陥る可能性を指す。

● TASPの有効な使い方

　関係者（園、保護者、学校）が情報を共有するためには、会って話をすることがとても大切です。就学の準備として、保護者と面談したり、就学予定先の学校の先生と直接情報交換をする大切な機会に、TASPの結果を資料として利用すると子どもの実態をさらに把握しやすくなると思います。「就学支援シート」や「要録」は個人の情報が中心で、記録用紙に地域差がある現状をふまえると、集団行動の情報が**標準化**[*6]されているTASPを併用することは有用ではないかと思います。

図　TASPの判定結果の例（年長7〜9月生まれの場合）

領域		得点	判定		
			要配慮水準	境界水準	標準的水準
多動・不注意関連特性	落ち着き（多動・衝動性）	2	○	・	・
	注意力（不注意）	3	○	・	・
対人社会性関連特性	社会性	8	・	○	・
	順応性（こだわり）	9	・	・	○
	コミュニケーション	8	・	○	・
運動関連特性	微細運動	7	・	・	○
	粗大運動	6	・	・	○

出典：保育・指導要録のための発達評価シート開発チーム（辻井正次監修）「保育・指導要録のための発達評価シート TASP解説書 正しく記録し、支援につなげるために」スペクトラム出版社、p.9、2017年

TASPは園などの組織から申し込むことができます。

問い合わせ・申し込み ▶ ▶ ▶ https://spectpub.com/tasp.html

*6 大規模データに基づいて統計的に基準が統一されていること。

5 診断名は新しい場所への引き継ぎをスムーズにする

　本書では、発達凸凹キッズには、自閉スペクトラム症（ASD）、注意欠如・多動症（ADHD）といった診断名にとらわれずサポートすることをお伝えしてきました。しかし、実は就学のような新しい環境に移行する際には、診断名が役に立つことがあります。新しい環境では、周囲の人が子どもの状態を知るのに時間がかかるため、すぐに適切なサポートが得られるとは限りません。この時、診断名がついている子どもは、「サポートがあったほうがよい子ども」として準備をしてもらえたり、できないことがあっても「怠けているわけではなさそうだ」と理解してもらえたりします。診断名には、それだけで簡単にサポートを引き寄せる力があるのです。

　実際には、幼児期に診断を受けることに懐疑的な保護者が多いです。しかし、多くの発達凸凹キッズの保護者が「小さいころに診断がついてよかった」と言います。理由を尋ねてみると、「子どもがどういうタイプなのかが早くにわかった」「小さいころから苦手なことを練習することができた」「できることとできないことがある、発達の凸凹した子どもであると受け止めて、よい距離で見守ることができた」と言うのです。

　反対に、幼児期に支援につながらず、大きくなってから相談にきた親子は、大きくボタンの掛け違いをしているように見えます。保護者は長年の経過から「みんなが当たり前にできることが、わが子にはできない」「どうしてみんなが困ることばかりするのか」という発想になりがちで、子どもは親に理解されないまま反抗的になっています。

保育者には、診断名にとらわれず、広く発達凸凹キッズとしてサポートをしてほしいと思っています。一方で、診断を受けてショックを受けている保護者には、早くから診断名がつくことで、適したサポートを得られやすいこと、就学時や環境が変わった時に、診断名が役に立つこともあることなどを伝えて、保護者を励ましていくことは大切なサポートだと思います。

診断名によって、早く、よいサポートにつながることもありますよ

診断には、よい面もあるんですね！

幼児期における周囲のかかわりが
その後の人生をつくっていく

　現在、20歳代前半のDさんは、加配制度を活用しながら幼稚園に通っていました。Dさんにとって、園での自由遊び、造形や楽器の演奏、運動や行事はつらいことだらけでした。自分の状況をうまく伝えられず抵抗したり、パニックになって思いを表現することもありました。この時期は、Dさんにとっても保護者にとってもとてもつらい時期でした。

　しかし、Dさんは、自分を理解しサポートしてくれる保育者に出会ったことで、ぐんぐん成長しました。就学前には、幼児期に得られたサポートを継続できるよう、保護者が就学相談や学校見学に行き、慎重に就学準備を進めました。Dさんは、小学校・中学校は特別支援学級、高校は特別支援学校に通い、現在は障害者雇用で一般企業に勤めています。

　仕事以外では、高校生のころから習い始めたフィギュアスケートを楽しんでいます。もともとDさんは身体の使い方が得意ではなく、同じ姿勢を保つことができずに、園ではよく床にごろごろと寝転がっていました。しかし、スケートの先生からは「指摘されたことを素直に聞き入れるので、基礎がしっかりできている」とほめられます。実際にDさんのフォームは、周りの子どもの手本になることもあるそうです。Dさんの保護者が、療育に通うこと以外は、Dさんが自ら「やりたい！」と言い出すまで何事も無理強いしなかったことが、余暇活動を楽しめるようになった要因かもしれません。

　これまでのDさんについて振り返るなかで、保護者は次のように話しています。「幼稚園で、よく理解してくれる保育者に出会いました。その先生は、できないことを責めず、どうしたらできるかを一つひとつ考えてくれました。息子が、〝大人は自分を受け入れて、成功体験をさせてくれる存在〟だと認識する基礎をつくってくださったと思います。日々、いろいろな悩みはありますが、たくさんのよい経験を積み、働くことに迷いのない青年に成長したと思います」。

ここに至るまでには、順調なことばかりではなく、つらいこと、大変なこともたくさんあったと思います。しかし、Dさんのもち前の素直さと、人とよい関係性をつくってきた経験が、人や社会とのかかわりを拒むことなく、自分の人生を生きるいまのDさんにつながったのではないでしょうか。多くの発達凸凹キッズが、Dさんのように、幼児期に人とよい関係性をつくる経験を重ねることができるようにと心から願っています。

参考文献

石川道子『そうだったのか！　発達障害の世界──子どもの育ちを支えるヒント』中央法規出版、2015年

水野智美『こうすればうまくいく！　自閉症スペクトラムの子どもの保育──イラストですぐにわかる対応法』中央法規出版、2017年

市川奈緒子『これからの保育シリーズ3 気になる子の本当の発達支援（新版）』風鳴舎、2017年

中川信子『保育園・幼稚園のちょっと気になる子』ぶどう社、2020年

橋本創一・渡邉貴裕・林安紀子・久見瀬明日香・工藤傑史・大伴潔・安永啓司・田口悦津子編著『知的・発達障害のある子のための「インクルーシブ保育」実践プログラム──遊び活動から就学移行・療育支援まで』福村出版、2012年

酒井幸子・中野圭子『ケース別発達障害のある子へのサポート実例集 幼稚園・保育園編』ナツメ社、2010年

守巧編著『"気になる子"の気になる保護者──保育者にできるサポート』チャイルド本社、2020年

藤原里美『配慮を必要とする子どもの「要録」文例集──幼稚園、保育所、認定こども園対応』中央法規出版、2021年

田中康雄監『発達障害の子どもの心と行動がわかる本──イラスト図解』西東社、2014年

田中康雄監『学研のヒューマンケアブックス ADHDのある子を理解して育てる本』学研プラス、2016年

藤野博編著『ハンディシリーズ発達障害支援・特別支援教育ナビ 発達障害のある子の社会性とコミュニケーションの支援』金子書房、2016年

木村順『保育者が知っておきたい発達が気になる子の感覚統合』学研プラス、2014年

中井昭夫編著、若林秀昭・春田大志『イラストでわかるDCDの子どものサポートガイド──不器用さのある子の「できた！」が増える134のヒントと45の知識』合同出版、2022年

鴨下賢一編著、池田千紗・小玉武志・髙橋知義『発達が気になる子の脳と体をそだてる感覚あそび──あそぶことには意味がある！　作業療法士がすすめる68のあそびの工夫』合同出版、2017年

湯汲英史編、石崎朝世監『発達障害のある子へのことば・コミュニケーション指導の実際──評価からスタートする段階的指導』診断と治療社、2008年

鴨下賢一『発達が気になる子へのスモールステップではじめる生活動作の教え方』中央法規出版、2018年

鴨下賢一編著、立石加奈子・中島そのみ『学校が楽しくなる！　発達が気になる子へのソーシャルスキルの教え方』中央法規出版、2013年

藤井葉子編著、山根希代子監『発達障害児の偏食改善マニュアル──食べられないが食べられるに変わる実践』中央法規出版、2019年

渡部伸監『障害のある子が将来にわたって受けられるサービスのすべて──備えて安心』自由国民社、

2019年

和枝福祉会監『障害のある子が受けられる支援のすべて──生涯にわたる安心を！』ナツメ社、
　　2021年

内山登紀夫監、温泉美雪『特別支援教育がわかる本4「発達障害？」と悩む保護者のための気になる子
　　の就学準備』ミネルヴァ書房、2015年

渡部昭男『障がいのある子の就学・進学ガイドブック（改訂新版）』日本標準、2022年

おわりに

最後まで読んでくださり、ありがとうございました。

私はもともと、発達凸凹キッズの存在を自分とは遠い世界の話だと思っていました。しかし、いまから8年前、共著者の石川道子先生の講演を聴き、人生が大きく変わりました。石川先生の講演では、発達凸凹キッズのリアルなエピソードが次々と登場しますが、この講演をきっかけに、突拍子もなく見える発達凸凹キッズの行動の印象が180度変わったことに、自分でもとても驚きました。すっかり発達凸凹キッズの世界に魅了された私は、気がつけば、日々彼らとかかわる仕事に転職していました。

そしてこの体験をふまえ、発達凸凹キッズの世界観にふれることで、発達凸凹キッズに興味をもち、好意的にかかわる大人が増えるのではないかとの思いから、インスタグラムで定期的に発達凸凹キッズの世界を伝える「石川先生のミニ講演会」を始めることになりました。このインスタグラムをきっかけに本書の企画が立ち上がりました。本書を通して、私が石川先生に教えていただいたことを、私と同じように、さまざまなことに悩みながらいまを走っている保育者や保護者のみなさんにお伝えできること、そして、その先の子どもたちの成長につなげられることを、とても嬉しく思います。

本書の原稿を、一足先に目を通してもらった元・発達凸凹キッズのMさんから、次のようなコメントをもらいました。「ぼく、幼児のころの記憶がないんですが…。でも、いま読むと、『Good！なサポート』はわかりやすい対応だと思います（第2章第5節のサポート④を指して）。『おしい！サポート』は、展開が早すぎてわけがわからなくなります。ぼくたちは、気がついていないことが多いので、『Good！なサポート』のように気づかせてもらうことが大事なのですが、『おしい！サポート』のようにいっぺんにあれもこれも言われると、このはるくんのように『？？』となってしまいます」「それから、発達障害の本というと、個人の体験談か、えらい先生の

むずかしい理論かの2つが多い印象ですが、この本は中間路線でかつ具体的なやり方がわかるので、とてもいい本だと思います」とのことでした。

　Mさんは覚えていないそうですが、Mさんが幼いころは、この本に登場するはるくんやあきちゃんのような行動をしていたとお母さんから聞いています。Mさんは人に伝えることが得意ではないと自己分析していますが、私はMさんから多くのことを教えてもらいました。2015年に出版された『そうだったのか！　発達障害の世界──子どもの育ちを支えるヒント』（中央法規出版）のエピソードのいくつかは、Mさんの発言がヒントになっています。Mさんだけではなく、大人になってからも根気よく付き合ってくれて、私に発達障害の世界を伝えてくれている元・発達凸凹キッズにお礼を言いたいと思います。思いを語る言葉を「未学習」な幼児さんたちの行動が理解できるようになったのは、あなたたちのおかげです。ありがとう。

• • • ▲▲▲ • • •

　最後に、安藤こずえ先生をはじめとする愛知県津島市の保育者の方々、實本牧子先生、田口幸弘先生、長年お付き合いのある保護者の方々のおかげで、保育現場の実際に沿った本に仕上がりました。そして、夢でしかなかった出版が実現できたのも、敏腕編集者の平林敦史さんと須貝牧子さんのおかげです。この本にかかわってくださったすべての方々に心より感謝申し上げます。

　本書が、たくさんの発達凸凹キッズと発達凸凹キッズにかかわる人のお役に立つことを願っています。

著　者

著者紹介

石川道子
（いしかわ・みちこ）

発達専門の小児科医師。40年以上にわたり名古屋市立大学病院等で発達専門外来を担当しながら、診察室以外での子どもの様子を知るために巡回相談や家族支援などを実施。NPO法人アスペ・エルデの会には発足当時から参加し、統括ディレクターを務める。現在の楽しみは、元患者さんたちとのさまざまな交流。著者に『そうだったのか！　発達障害の世界──子どもの育ちを支えるヒント』（中央法規出版）、共著に『保育の心理学』（ミネルヴァ書房）、『発達障害親子支援ハンドブック──保護者・先生・カウンセラーの連携』（昭和堂）ほか。

三輪桃子
（みわ・ももこ）

フリーランスの言語聴覚士。日々、園での巡回相談や療育機関での言葉の療育を実施。集団の場と1対1の場の両方から子どもの発達をアセスメントして支えている。「保育者が輝くことで、子どもも輝く」と信じ、2017年より保育士サポート団体でも活動中。いちばん好きなのは、子どもの見立てやサポートについて、保育者とあれこれ悩み話し合う時間。
ホームページ：https://miwamomoko.com/

発達凸凹キッズの保育・学校での集団生活について発信中！

@hattatsu.hoiku.gakkou
石川道子先生の講演会ライブも視聴できます。

発達凸凹キッズがぐんと成長する園生活でのGood！なサポート
苦手を減らして小学校につなげる工夫

2023年10月20日　発行

著　　　者　　石川道子・三輪桃子
発 行 者　　荘村明彦
発 行 所　　中央法規出版株式会社
　　　　　　〒110-0016　東京都台東区台東3-29-1　中央法規ビル
　　　　　　TEL 03-6387-3196
　　　　　　https://www.chuohoki.co.jp/

本文・装丁デザイン　　澤田かおり（トシキ・ファーブル）
イラスト　　　　　　　のだよしこ
印刷・製本　　　　　　株式会社アルキャスト